LUTO À LUZ DA BÍBLIA
COMPREENDENDO O CONSOLO DE DEUS NO INEVITÁVEL

Editora Appris Ltda.
1.ª Edição - Copyright© 2020 dos autores
Direitos de Edição Reservados à Editora Appris Ltda.

Nenhuma parte desta obra poderá ser utilizada indevidamente, sem estar de acordo com a Lei nº 9.610/98. Se incorreções forem encontradas, serão de exclusiva responsabilidade de seus organizadores. Foi realizado o Depósito Legal na Fundação Biblioteca Nacional, de acordo com as Leis nos 10.994, de 14/12/2004, e 12.192, de 14/01/2010.

Citações bíblicas extraídas da Bíblia Sagrada - Nova Almeida Atualizada, publicada pela Sociedade Bíblica do Brasil.

Catalogação na Fonte
Elaborado por: Josefina A. S. Guedes
Bibliotecária CRB 9/870

C346l 2020	Castagnoli, Roberto Kusma Luto à luz da bíblia : compreendendo o consolo de Deus no Inevitável / Roberto Kusma Castagnoli. – 1. ed. – Curitiba : Appris, 2020. 83 p. ; 21 cm. – (Artera). Inclui bibliografia. ISBN 978-65-5820-504-3 1. Luto - Aspectos religiosos. 2. Morte – Aspectos religiosos. I. Título. II. Série. CDD – 248.86

Livro de acordo com a normalização técnica da ABNT

Editora e Livraria Appris Ltda.
Av. Manoel Ribas, 2265 – Mercês
Curitiba/PR – CEP: 80810-002
Tel. (41) 3156 - 4731
www.editoraappris.com.br

Printed in Brazil
Impresso no Brasil

Roberto Kusma Castagnoli

LUTO À LUZ DA BÍBLIA
COMPREENDENDO O CONSOLO DE DEUS NO INEVITÁVEL

Appris
editora

Curitiba, PR
2020

FICHA TÉCNICA

EDITORIAL	Augusto Coelho
	Sara C. de Andrade Coelho
COMITÊ EDITORIAL	Angela Cristina Ramos
	Brasil Delmar Zanatta Junior
	Edmeire C. Pereira - UFPR
	Estevão Misael da Silva
	Marli Caetano
SUPERVISOR DA PRODUÇÃO	Renata Cristina Lopes Miccelli
PRODUÇÃO EDITORIAL	Beatriz de Araújo Machado
	Carlos J. Souza
REVISÃO	Alana Cabral
DIAGRAMAÇÃO	Bruno Ferreira Nascimento
CAPA	Eneo Lage

Dedico esta obra ao amado Bruno Nathan Vieira (in memoriam), *verdadeiro presente de Deus, nascido não da minha carne, mas do meu coração. Exemplo de força e coragem.*

AGRADECIMENTO

A Deus, com respeito e reverência à sua soberania.

PREFÁCIO

Por três anos, entre 2013 a 2016, tive o privilégio de caminhar com o Roberto e a Evelise no ministério de aconselhamento. Naqueles anos, eles lideraram um "grupo de apoio ao enlutado". Quando eu tive o primeiro contato, eles me contaram a visão que tinham para o ministério deles e como ela surgiu. Eles perderam um sobrinho, filho do coração que faleceu vítima de câncer aos 13 anos, e não receberam o apoio que precisavam. Em vez de lamentarem e se amargurarem, ambos fizeram a Faculdade Teológica Batista do Paraná e se formaram. A Evelise do R.B. Castagnoli escreveu o TCC dela sobre "Grupo de apoio ao enlutado" e o Roberto Kusma Castagnoli sobre "Luto antecipatório – acompanhamento e aconselhamento pastoral".

Os grupos que lideraram com muita dedicação revelaram que, a partir do próprio luto, eles praticaram o que o apóstolo Paulo diz em 2 Coríntios 1. 3-4 – consolar os enlutados com o consolo que eles tinham recebidos do Deus Pai: "Bendito seja o Deus e Pai de nosso Senhor Jesus Cristo, Pai das misericórdias e Deus de toda consolação, que nos consola em todas as nossas tribulações, para que também sejamos capazes de consolar os que passam por qualquer tribulação, por intermédio da consolação com que nós mesmos somos consolados por Deus."

O sênior pastor da Primeira Igreja Batista de Curitiba escreveu sobre o tempo em que eles atuaram na PIB:

"Querido irmão, o ministério que realizou entre nós foi tremendamente abençoador, por isso, é uma honra poder não somente referenciar o seu trabalho e o texto que produziu como também recomendá-lo em todos os âmbitos. Que Deus continue a usá-lo a ajudar pessoas nos tempos de perdas em suas vidas. Um grande abraço. Pr. Paschoal Piragine Junior".

O livro pode servir tanto para ministros e pastores atuarem com mais eficácia nessa tarefa de acompanhar pessoas no vale da morte, quanto também ajudá-las a atravessar esse vale.

Deus abençoe vocês ricamente,

Pr. Manfred Ernst Schwalb

SUMÁRIO

INTRODUÇÃO 13

Capítulo 1
O LUTO 15

Capítulo 2
NEGAÇÃO 23

Capítulo 3
REVOLTA 27

Capítulo 4
NEGOCIAÇÃO 33

Capítulo 5
DEPRESSÃO 37

Capítulo 6
ACEITAÇÃO 45

Capítulo 7
O PAI JAIRO 55

Capítulo 8
AS IRMÃS DE LÁZARO 63

Capítulo 9
AS MÃES E SEUS SONHOS 71

Capítulo 10
ACOLHIMENTO 77

INTRODUÇÃO

Amado leitor e querido irmão em Cristo, o motivo em adquirir este livro e o interesse em fazer esta leitura pode ser uma perda ou mesmo o desejo em ajudar outros a superarem a dor da separação física.

Como leitor, busquei no mundo literário cristão evangélico brasileiro livros que auxiliassem a compreender a dor da perda com a fé em Cristo, porque num momento de dor e solidão, a saudade do nosso querido que está nos braços do nosso Pai, o desejo de querer estar com quem partiu, abraçá-lo, ouvir sua voz, sentir seu cheiro, que muitas vezes temos em nosso quarto, no silêncio da madrugada entre uma lágrima e outra, nas lembranças das conversas, levanta questionamentos sobre a nossa fé, mas a promessa de Jesus nos tranquiliza, como ele fez ao ladrão na cruz. "Jesus respondeu: em verdade lhe digo, que hoje você estará comigo no paraíso" (Lucas 23.43).

Desejo que este livro ajude-o a encontrar consolo do Espírito Santo por meio do livro de Rute como tema principal. Também buscamos em outros livros passagens que mostram como o nosso Deus compreende a dor do luto da separação e como auxilia nesta caminhada tanto pelas páginas deste livro como pelo principal livro dos cristãos, a Bíblia.

Vamos tentar compreender de uma maneira simples, sem buscar definições teológicas ou doutrinárias, o que esses personagens bíblicos podem nos auxiliar utilizando um pouco do que conhecemos do luto e suas fases, e como podemos relacioná-las com a nossa principal personagem que perdeu sua terra natal, seu esposo, seus filhos, mas não perdeu a sua fé em Deus.

Sempre que fizer a leitura deste livro, comece com uma oração de gratidão e auxílio para que o Espírito Santo possa ajudá-lo(a) a compreender e aliviar a dor, porque somente quem passou por isso pode entender que mediante o mover de Deus em nosso coração podemos levantar no outro dia e cumprir com as obrigações que a sociedade exige.

Capítulo 1

O LUTO

Não vamos prolongar muito sobre esse tema, porque tenho a certeza de que o amado leitor deve ter buscado informações na internet sobre o luto e as suas fases. O importante é saber que a dor da perda está relacionada diretamente com o vínculo afetivo. Como estamos lidando com pessoas, existem variadas situações as quais podemos reagir de diferentes modos, porém não podemos dizer que o tempo correto para superar o luto é de um ou dois anos, isso varia de pessoa para pessoa.

No dicionário Aurélio a definição de luto é: profundo pesar causado pela morte de alguém, sentimento errado por perdas com separação, partidas ou rompimento. Na literatura temos as fases do luto, que, conforme psiquiatra Elisabeth Kubler-Ross, são cinco: negação, raiva, negociação (barganha), depressão e aceitação.

Não ache que essas fases são como receita de bolo ou jogo eletrônico, em que se supera a fase atual e entra em outra, porque muitas das vezes algo acontece na sua vida que faz você lembrar tudo que passou, retornando à fase anterior, como uma data significativa, uma música, um encontro com amigos que há anos não se encontravam ou até mesmo um evento acontece e tudo retorna à sua mente, todos os sentimentos, as fases pelas quais já passou, a dor que sentiu, no caso de perda de uma pessoa adoentada, a lembrança dos aparelhos do hospital, o cheiro hospitalar, tudo vem à tona e parece que você entrou na máquina do tempo e está reiniciando a sua batalha.

Na Bíblia temos um relato sobre como é reviver o luto. Vamos para o livro de Gênesis, precisamente no capítulo 35. 16-21.

"Partiram de Betel, e, havendo ainda pequena distância para chegar a Efrata, Raquel deu à luz um filho, num parto que foi muito difícil. Em meio às dores, a parteira disse a Raquel:

— Não tenha medo, pois você ainda terá este filho.

Ao sair-lhe a alma (porque morreu), deu ao filho o nome de Benoni. Mas seu pai lhe chamou Benjamim.

Assim, Raquel morreu e foi sepultada no caminho de Efrata, que é Belém.

Jacó levantou uma coluna sobre a sepultura de Raquel. Essa é a coluna da sepultura de Raquel até o dia de hoje.

Então Israel partiu e armou a sua tenda além da torre de Éder".

Jacó perdeu sua amada esposa no momento do parto. Esse homem de Deus ganhou um filho, mas a morte ceifou a sua esposa. Ele passou por duas fases da vida em minutos ou segundos, nascimento e morte. Como conviver com esses dois sentimentos tão antagônicos? Como será para o pai olhar para o filho e ver nele o retrato da morte da sua esposa e compreender que essa amada criança não tem culpa, e como explicar para ela quando crescer que o seu nascimento trouxe a morte para sua mãe? Você pode estar pensando que para o pai é mais fácil, pois o homem supera com mais facilidade, até pode ser, mas quando o casamento está formando no princípio cristão – "Por isso o homem deixa o seu pai e mãe e se une à sua mulher, tornando-se os dois uma só carne" (Gênesis 2. 24) –, quer dizer que não foi somente Raquel quem morreu, foi um pedaço de Jacó, ele terá que viver quebrado.

Jacó perdeu seu pai e sua esposa. A Bíblia não relata o tempo entre eles, porém o segundo familiar a ser recolhido o sopro de vida mexe com os sentimentos e dores que já estavam recolhidos no mais profundo do seu ser. Esses sentimentos são como lava de vulcão, que quando inicia sua atividade destrói tudo à sua frente. Isso acontece conosco quando temos um episódio próximo, a nossa perda reacende as dores e muitas vezes voltamos às fases do luto que acreditamos terem ficado para trás, mas não elas somente estavam adormecidas.

Olhando para Jacó vamos buscar qual a maneira que ele trabalhou a sua dor e podemos perceber com olhar mais detalhado que ele depositou a esperança em viver no seu filho; é exatamente o que devemos fazer nos dias em que nada parece ter sentido. O nosso Deus sempre se compadece da nossa dor, como diz um ditado popular: Deus fecha uma porta, mas abre uma janela. Realmente isso acontece, porém só podemos perceber quando a nossa fé está fortalecida e compreendemos que Deus tem o destino de nossa vida em suas mãos. Podemos não compreender e até achar injusto o que nos aconteceu, no entanto, um Deus que deu o seu filho para morrer na cruz por nós deve saber o que é o melhor para nós.

Temos que buscar em nossa vida pessoas que já estão conosco, como os filhos, irmãos, esposo(a) ou até atividades de voluntariado na igreja ou instituições filantrópicas, que são maneiras de reiniciar a vida.

Voltamos a Jacó, em Gênesis 37. 3 relata o seguinte: "Ora, Israel amava mais José do que todos os seus outros filhos porque era o filho da sua velhice". Agora com esse texto compreendemos que toda a dor de Jacó foi transformada em amor ao único filho José, deixando outros para o lado, não que ele não amasse os outros filhos, mas foi em José que ele depositou as suas expectativas para reiniciar a sua vida. É assim que muitas pessoas fazem após as perdas de um ente querido, dedicam-se muito a uma pessoa ou atividades e se esquecem de outras pessoas queridas em sua vida, entrando de cabeça em uma atividade e se esquecendo da sua família. Não podemos deixar isso acontecer, porque a nossa vida tem várias ramificações que são complexas, mas importantes para relacionamentos saudáveis, e não podemos fugir a vida toda delas, muitas vezes temos de enfrentar porque a vida (Deus) nos mostra que somos também importantes para outras pessoas que estão ao nosso lado, contudo não enxergamos, pois estamos ocupados em esconder a nossa dor em uma única pessoa ou tarefa.

Esse homem, já com idade avançada, terá mais uma perda, a do seu filho. Como nós já sabemos de antemão o restante relato, ele não morreu, mas foi usado por Deus para auxiliar uma nação, todavia gostaria de que amado leitor se esquecesse do final da história e se colocasse no momento do relato bíblico, quando Jacó recebeu a notícia da morte do seu filho. Essa empatia é muito importante, pois para ajudar outras pessoas devemos nos colocar no lugar delas para compreender a dor e o sentimento pelos quais estão passando, uma vez que quase sempre o meu jeito de ver o mundo e as situações é diferente do da outra pessoa.

Agora estamos junto dos outros filhos de Jacó. Leia em Gênesis 37: 32-35 que a dor que ele deve estar sentindo em sua vida foi estruturada em cima desse filho, e agora o destino quis levá-lo embora.

Quantas pessoas você conhece que após a perda de seu esposo dedicou sua vida em prol de seu filho ou filhos, esquecendo-se de si mesmo e achando que o seu filho estará sempre ao seu lado. Conforme o ditado, filhos são criados para o mundo. É verdade, não podemos querer que eles sejam o alicerce da nossa vida, realmente, ele, o filho, foi o motivo de reiniciar após a perda, mas não podemos ser egoístas e atrapalharmos o crescimento da outra pessoa, e sim buscarmos o crescimento profissional, um companheiro para formar uma família e assim por diante.

Após receber a notícia, Jacó lamentou a sua perda por muitos dias. A Bíblia não deixa claro quantos dias, e como ela não relata podemos concluir que não foi um mês, dá para imaginar que foram vários meses e a dor era tanta que ele se fechou e não permitia o consolo dos seus filhos. Parece que estamos olhando um relato atual de uma mãe ou pai que perdeu seu filho de forma trágica e que se fecha para mundo, principalmente para os seus queridos mais próximos, não permitindo o amor deles por nós, sendo essa uma maneira de nos protegermos contra futuras perdas, então criamos uma redoma impenetrável de amor e dentro dela criamos muitas vezes raiva, ódio e todos os sentimentos opostos do amor, e porque não dizer que, às vezes, dentro dessa redoma não nasce nada, é uma terra vazia, sem sentimentos, e usando da mesma frase de Jacó em Gênesis 37. 35, na parte final desse versículo: "[...] chorando descerei à sepultura para junto do meu filho". Vamos tentar entender essa frase: Jacó afirma que em seus dias restantes ele sempre se lembrará do filho e o pranto estará no seu quarto e na sua vida, realmente é muito difícil um pai enterrar seu filho, quebrando a lógica da vida: os novos enterram os idosos. Quando colocamos em nossos braços os nossos filhos pela primeira vez, em nenhum momento pensamos em algum dia o colocarmos em uma sepultura. Essa dor é inimaginável.

O luto é justamente a situação da vida em que os laços são cortados e não podemos dizer que não passaremos outra vez por essa situação e que ela será de uma maneira tranquila, porque já criamos uma crosta na alma. Voltemos para a Bíblia agora em Gênesis 43. 3-7: "Mas Judá lhe disse:

— Aquele homem nos advertiu solenemente, dizendo: 'Vocês não verão o meu rosto, se o outro irmão não vier com vocês.' Se o senhor resolver enviar conosco o nosso irmão, iremos e compraremos mantimento para o senhor. Mas, se o senhor não o enviar, não iremos, pois o homem nos disse: "Vocês não verão o meu rosto, se o outro irmão não vier com vocês."

Israel respondeu:

— Por que vocês me fizeram esse mal, dando a saber àquele homem que vocês tinham outro irmão?

Eles responderam:

— O homem nos fez perguntas específicas a respeito de nós e de nossa parentela, dizendo: "O pai de vocês ainda é vivo? Vocês têm outro irmão?" Nós apenas respondemos o que ele nos perguntou. Como podíamos adivinhar que ele nos diria: 'Tragam o outro irmão?'".

O que podemos compreender é que Jacó, após a perda de José, protegia o seu filho Benjamin para que nada acontecesse com ele. A vida o levou para uma situação delicada, deixá-lo ir ou a família toda passará fome. Percebemos na fala dele o sentimento de frustração e tristeza para com outros filhos que comentaram com o egípcio sobre o filho Benjamim. Essa é mais uma das situações com luto em que despejamos a nossa dor em outras pessoas, acusando-as de serem culpadas por aquela situação que não desejaríamos que se repetisse, por exemplo, você colocou o desejo de ele estudar longe, porque foram apresentar aquela(e) namorada(o), que o(a) está induzindo a ser feliz e se divertir, que ele não tem esse direito de ficar debaixo dos meus olhos, porém não podemos culpar os outros por causa das situações da vida, a nossa dor não pode atrapalhar o desenvolvimento dos nossos queridos.

Mas o próprio Jacó nos dá uma solução talvez dura, porém uma realidade: compreendamos que os caminhos traçados devem ser aceitos, pedir a Deus misericórdia e buscar uma vida conforme os propósitos dele, porque os filhos são bênçãos como todas as pessoas que conosco convivem, pai, mãe, avós, irmãos, esposa(o), todos são dádivas do Senhor em nossa vida, elas devem ser aproveitadas todos os dias, pois não sabemos quanto tempo teremos ao lado deles. Observe na última parte do versículo Gênesis 43. 14: "Quanto a mim, se eu perder os filhos, sem filhos ficarei". Essa é uma frase de um homem que falou que levaria o seu pranto para o túmulo e está dizendo que não importa mais, porque perder um filho e perder todos é igual.

O final desse relato bíblico é emocionante: Jacó recebeu a notícia de que o seu filho José não está morto, como podemos ver em Gênesis 45: 25-28:

"Então partiram do Egito e vieram à terra de Canaã, a Jacó, seu pai, e lhe disseram:

— José ainda vive e é governador de toda a terra do Egito.

Com isso, o coração lhe ficou como que sem bater, porque não podia acreditar no que diziam. Mas quando eles lhe contaram tudo o que José havia falado e quando ele viu as carruagens que José havia mandado para levá-lo ao Egito, o espírito de Jacó, o pai deles, reviveu.

E Israel disse:

— Basta! O meu filho José ainda vive. Irei e o verei antes que eu morra".

Eu sei que você deve estar pensando: "Mas comigo não aconteceu e não vai acontecer". O que tenho para falar é que isso vai acontecer, visto que para nós cristãos não há um adeus, e sim um até breve, pois Jesus Cristo prometeu que estaríamos com ele, e Deus não é homem para mentir, então creia, como aconteceu com Jacó de ver o seu querido filho, você também verá o seu querido que foi recolhido nos braços do Senhor.

Para finalizar este capítulo, gostaria de falar algo muito importante para começar a superar o luto, mas tenho que deixar uma pergunta para reflexão: como está a sua relação com Deus? A sua dor tem deixado ele falar com você ou ainda não parou de lamuriar contra ele?

Quero mostrar-lhe como é importante a sua relação com Deus, contudo o importante é como está a dor dentro do seu coração.

Voltemos para a Bíblia e novamente ela nos dá respostas, veja em Gênesis 46. 1-4:

"Israel partiu com tudo o que possuía. E chegou a Berseba e ofereceu sacrifícios ao Deus de Isaque, seu pai.

Deus falou a Israel em visões, de noite, e disse:

— Jacó! Jacó!

Ele respondeu:

— Eis-me aqui!

Então disse:

— Eu sou Deus, o Deus do seu pai. Não tenha medo de ir para o Egito, porque lá eu farei de você uma grande nação. Eu irei com você para o Egito e certamente farei com que você volte de lá. A mão de José fechará os seus olhos".

Deus está falando com Jacó após este ter oferecido um sacrifício. Não desejo escrever nada além do que Bíblia diz, por isso vamos juntos analisar esses versículos.

A dor e a tristeza, e porque não dizer o luto de Jacó, após receber a notícia de que seu filho José estava vivo, não existiam mais, ele se aproximou de Deus, ofereceu um sacrifício e na mesma noite Deus falou com ele, o luto de Jacó nos capítulos anteriores não permitiu que Deus falasse com ele, somente quando a dor foi curada, ele se aproximou de Deus. Você, amado irmão, a sua dor está permitindo Deus falar com você, já se aproximou de Deus, ofereceu seu sacrifício como Jacó, entrou no seu quarto e derramou lágrimas de louvor, a sua fé nas promessas de Deus balançaram, não consegue mais cantar um hino, completar uma oração sem culpar Deus, não permita que a sua dor, o luto, atrapalhem a sua relação com Deus. Você pode estar pensando em como fará isso, sugiro que nos primeiros dias abra seu coração, clame ao Espírito Santo, leve as suas orações ao altar e depois permita que o refrigério de Deus seja derramado em sua alma e permita que ele fale com você, volte a ouvir os hinos que mexem com seu espírito, busque a Bíblia, tente fazer um devocional diário, ouça mensagens de pastores na internet, participe dos cultos da sua igreja, não se afaste da sua comunidade religiosa ou procure outra, o importante é que a relação com Deus aumente e permita o trabalho de cicatrização de Deus em seu coração.

No Salmo 55. 16-17, o salmista exclama: "Eu porém invocarei a Deus e o senhor me salvará à tarde, pela manhã, e ao meio-dia farei minhas queixas, lamentarei e ele ouvirá a minha voz".

Lindo esse Salmo, não importa o horário, tenha certeza de que Deus o salvará e, principalmente, de que não ficará insensível com a sua dor, suas queixas e lamentações, derrame o seu coração na presença de Deus todas as vezes que sentir necessidade, mas não se esqueça de que muitas das vezes ou todas as vezes a sua resposta será dada mediante a Palavra.

Capítulo 2

NEGAÇÃO

Amado irmão, quando você fez a busca pela internet, muito provavelmente tenha visto as fases do luto descritas no capítulo anterior, vamos juntos compreender as fases por meio de um livro da Bíblia, é possível encontrar outros relatos, porém nesse livro podemos passar juntos com relatos da personagem Noemi, a sogra de Rute, a qual o livro tem o mesmo nome.

Buscamos compreender um pouco da história, uma família de quatro pessoas, pai, mãe e dois filhos, que, num período no qual Israel passava fome, mudaram-se para Moabe. Esse relato se encontra no início do livro.

Após 10 anos da perda do seu esposo, os dois filhos vieram a falecer, aparentemente juntos ou em tempo próximo, ela se viu desamparada com duas noras em uma época na qual as mulheres não tinham valor e dependiam da subsistência de um homem.

A perda do seu esposo deve ter sido dolorida, mas ainda havia os filhos, que após o falecimento do pai, casaram-se com duas moabitas. Olhando com os olhos de Noemi, o ciclo da vida estava normal, os filhos continuariam a linhagem do seu pai e seriam o provedor dela e das esposas, o que ela não poderia esperar era perda dos seus filhos e juntos, esse não é um ciclo da vida normal, perder um filho não está correto, perder os dois juntos então, o que falar?

Noemi, a nossa personagem, está em uma terra estrangeira e lá perde o seu marido e os dois filhos, e por meio desse relato buscaremos passar as cinco fases do luto comparando com a história de Noemi.

Negação: é a fase na qual o enlutado sabe o que aconteceu, mas não permite que o sentimento se manifeste, é o mecanismo de defesa frente a essa situação tão dolorosa.

Bem, já compreendemos isso de uma forma bem básica e simples, e agora buscaremos em que parte a Noemi chegou a essa fase. Gostaria que lesse o capítulo 1. 6-10:

"Então Noemi voltou da terra de Moabe com as suas noras, porque ainda em Moabe ouviu que o senhor havia se lembrado do seu povo, dando-lhe alimento.

Assim, ela saiu do lugar onde havia morado, e as duas noras estavam com ela. Enquanto caminhavam, voltando à terra de Judá, Noemi disse às suas noras:

— Vão agora e voltem cada uma para a casa de sua mãe. E que o Senhor seja bondoso com vocês, assim como vocês foram bondosas com os que morreram e comigo. O Senhor faça com que vocês sejam felizes, cada uma na casa de seu novo marido.

E deu um beijo em cada uma delas. Elas, porém, começaram a chorar alto e lhe disseram:

— Não! Nós iremos com a senhora para junto do seu povo".

No versículo 8, Noemi deseja que as duas noras retornem à casa de seus pais, podemos perceber que essa decisão não foi tomada lá na casa em Moabe, e sim no trajeto, como podemos perceber no versículo 7: "Enquanto caminhavam, voltando para a terra de Judá". O que a levou a sair de casa com as duas noras e no trajeto mudar de ideia e solicitar o retorno delas, como descrito no versículo 8, foi a negação, a companhia das noras a fazia lembrar-se dos filhos e a presença delas trazia à tona sentimentos que ela não queria enfrentar. O seu mecanismo de defesa era se afastar de tudo que lembrasse os filhos. A primeira tentativa foi a mudança de endereço com retorno a Judá. Noemi acreditou que saindo da residência e terra de Moabe a dor do luto passaria, mas como podemos perceber não passou, isso acontece como muita frequência, os enlutados buscam mudar semanas após a perda acreditando que a dor passará, mas ela não passa, sim mudanças são importantes para que não criemos pequenos altares de lembranças dos nossos queridos, temos que doar roupas, brinquedos, trocar móveis do lugar, contudo no seu devido tempo, não devemos crer que mudanças afastarão a dor das lembranças.

Indo para sua terra natal, Noemi percebeu que as lembranças foram com ela, mesmo que buscasse bloquear em sua mente, as lembranças estavam indo para sua terra natal. Ela olha para o lado e percebe o motivo de não conseguir negar, são as duas companheiras de caminhada, sim, pessoas fazem lembrar e muitas das vezes para conseguirmos negar afastamos os nossos queridos do nosso lado, muitas vezes de maneira rude que machucamos com a mesma intensidade em que estamos sendo machucados pela dor, e batemos, agredimos sem a intenção. Para nos protegermos fazemos como Noemi, afastamos as pessoas que nos amam e querem o nosso bem e elas não têm culpa de serem portadoras de suas lembranças, as noras de Noemi estavam sentindo a dor da perda de seus maridos ao terem de voltar para sua terra como viúvas em uma sociedade normalmente discriminadora. Quero que o leitor perceba que muitas vezes a sua dor não é única e afastar pessoas do seu lado não ajudará na sua superação e quase sempre pessoas com a mesma dor conseguem ajudar-se a erguer em momentos mais difíceis.

Estar junto dos nossos familiares que estão sofrendo permite fazer algo que para alma é ótimo curativo para a ferida que está aberta, isso se encontra no final do capítulo 9: "Deu um beijo em cada uma delas. Elas porém começaram a chorar alto".

Chorar junto, como é saudável essa ação, compartilhar a dor está em toda a Bíblia, alguns exemplos: Gn 50. 3,21; Dt 34. 8; Lc 8.52; Jo 11. 19. Porque Deus não nos criou para vivermos sozinhos, mas para dividirmos alegrias e tristezas, eu sei que é difícil encontrar pessoas dispostas a compartilhar lágrimas juntos, mas como no começo deste livro o nosso pai está conosco, ele será a primeira pessoa a chorar com você, então peça a ele um ombro amigo, ele com certeza enviará um anjo de carne e osso para estar ao seu lado.

Capítulo 3

REVOLTA

Esse sentimento pelo qual o enlutado está passando e a culpa e revolta contra todos vêm à tona, quando as palavras de conforto de outras pessoas parecem falsas ou, principalmente, ele começa a procurar eventos em que poderia ter tornado a situação diferente, procurando as respostas dos porquês, as quais estão fervilhando em nossas mentes, essas respostas tornam-se indicadores de culpados, na maioria das vezes começa com o corpo clínico, médico e enfermeiro, busca a culpa na medicação errada ou dosagem e por fim começa a se culpar acreditando que algumas atitudes poderiam mudar o rumo do final da história como: deveria não ter deixado sair, porque não insistir em procurar o médico, deveria ter buscado outro profissional, e assim por diante.

Noemi também passou por esse momento, vamos ver em Rute 1. 11-13:

"Mas Noemi disse:

— Voltem, minhas filhas! Por que vocês iriam comigo? Vocês acham que eu ainda tenho filhos em meu ventre para que casem com vocês? Voltem, minhas filhas! Vão embora, porque sou velha demais para ter marido. E ainda que eu dissesse: 'tenho esperança', ou ainda que casasse esta noite e tivesse filhos, será que vocês iriam esperar até que eles viessem a crescer? Ficariam tanto tempo sem casar? Não, minhas filhas! A minha amargura é maior do que a de vocês, porque o Senhor descarregou a sua mão contra mim".

Agora juntos buscamos compreender nos versículos 11 e 12, Noemi encontra com revolta as duas noras, Orfa e Rute, acreditando que estar junto nessa ida à sua terra natal era uma preocupação pessoal, estavam com interesse de um futuro herdeiro, na época era normal o irmão assumir a esposa do falecido, o primogênito era considerado como filho do irmão falecido.

Hoje as situações não são diferentes, podem ser por causa da herança ou tempo para iniciar as mudanças. Vou tentar explicar, as pessoas estão em estágios diferentes do luto ou porque são pragmáticas e as divergências acontecem, por exemplo, duas irmãs perdem a sua mãe, uma acha ideal doar a roupa da mãe enquanto a outra acha que não, porque tem lembranças. Devido a essa situação começam as acusações que ferem uma a outra, como: "quando a mãe estava viva você não tinha tempo", ou "quando eu precisei de você nos momentos finais da vida dela você não estava presente e agora quer mandar", e assim por diante.

Noemi estava na mesma situação, não acreditando nos sentimentos envolvidos das duas noras. Compreendendo que uma delas retornou à casa de seus pais, contudo Rute permaneceu, podemos concluir que pessoas estarão ao nosso lado por motivos certos e outras por motivos errados. Não deixemos que a nossa raiva do mundo e das pessoas possa machucar quem está por motivos certos.

Mas ver no outro a culpa era o estágio da raiva e Noemi também culpou o Senhor, no final do versículo 13: "Não minhas filhas! A minha amargura é maior do que a de vocês porque o **Senhor descarregou a sua mão**".

Quantas vezes o leitor pensou igual à Noemi, ou acreditando que está sendo julgado por algo cometido no passado, e está sendo punido, não pense desse jeito, você não está sendo penalizado, não permita que a dor que está sentindo seja usada para culpar Deus. Eu não tenho resposta porque isso aconteceu ou porque Deus não impediu, onde estava Deus e tantas outras indagações que vêm à sua mente, mas gostaria de colocar algumas considerações importantes que acredito que saiba, porém o coração machucado não permite que relembre e caso. Não saber é uma boa oportunidade de conhecer Deus.

Jesus Cristo morreu por nós na cruz e carregou todos os nossos pecados, pagou a nossa dívida, como descrito no livro 1

Coríntios 15. 3-4: "antes de tudo, entreguei a vocês o que também recebi: Cristo morreu pelos nossos peados, segundo as Escrituras e que foi sepultado e ressuscitou ao terceiro dia, segundo a Escritura", então por que ele estaria cobrando novamente aquele pecado? Não permita que o inimigo use a sua dor para você blasfemar contra Deus. Você pergunta: e como ele faria? Vou tentar mostrar duas passagens na Bíblia que ilustram muito bem isso. A primeira encontra-se em Gênesis 3. 1-5:

"Mas a serpente, mais astuta que todos os animais selvagens que o Senhor Deus tinha feito, disse à mulher:

— É verdade que Deus disse: 'Não comam do fruto de nenhuma árvore do jardim?'

A mulher respondeu à serpente:

— Do fruto das árvores do jardim podemos comer, mas do fruto da árvore que está no meio do jardim, Deus disse: 'Vocês não devem comer dele, nem tocar nele, para que não venham a morrer.'

Então a serpente disse à mulher:

— É certo que vocês não morrerão.

Porque Deus sabe que, no dia em que dele comerem, os olhos de vocês se abrirão e, como Deus, vocês serão conhecedores do bem e do mal".

Perceba que ele inicia com versículo 1: "É verdade que Deus disse não comam do fruto de nenhuma árvore do jardim", mas olhe a verdade do fato em Gênesis 2. 16: "**De toda árvore do jardim você poderá comer livremente**". Amado irmão, percebe a diferença entre os dois versículos? Ele distorce as palavras e seus significados, dizendo que era proibido comer o fruto de qualquer árvore, mas a verdade é outra, eles tinham a permissão de comer todos os frutos exceto de uma. Outro exemplo está no Evangelho de Lucas 4:1-13.

"Jesus, cheio do Espírito Santo, voltou do Jordão e foi guiado pelo mesmo Espírito, no deserto, durante quarenta dias, sendo tentado pelo diabo. Nada comeu naqueles dias, ao fim dos quais teve fome.

Então o diabo disse a Jesus:

— Se você é o filho de Deus, mande que esta pedra se transforme em pão.

Mas Jesus lhe respondeu:

— Está escrito: 'O ser humano não viverá só de pão.'

Então o diabo o levou para um lugar mais alto e num instante lhe mostrou todos os reinos do mundo.

E disse:

— Eu lhe darei todo este poder e a glória destes reinos, porque isso me foi entregue, e posso dar a quem eu quiser. Portanto, se você me adorar, tudo isso será seu.

Mas Jesus respondeu:

— Está escrito: 'Adore o senhor, seu Deus, e prestem culto somente a ele.'

Então o diabo levou Jesus a Jerusalém, colocou-o sobre o pináculo do templo e disse:

— Se você é o filho de Deus, jogue-se daqui, porque está escrito: 'Aos seus anjos ele dará ordens a seu respeito, para que o guardem.'

'Eles o sustentarão nas suas mãos, para que você não tropece em alguma pedra.'

Jesus respondeu ao diabo:

— Também foi dito: 'Não ponha à prova o senhor, seu Deus.'

Tendo concluído todas as tentações, o diabo afastou-se de Jesus, até momento oportuno".

Perceba no versículo 2, o inimigo aproveitou a fome e a fraqueza humana de Cristo para tentá-lo e fez isso usando vários textos do Antigo Testamento. O que eu quero deixar claro para o amado irmão é que em nossos momentos de fraqueza estamos sujeito a tentações, a levar questionamentos sobre a nossa fé e tudo que aprendemos sobre Jesus, o inimigo vai utilizar várias artimanhas para colocar flechas de culpas no seu coração, como Pedro relatou em 1ª Pedro 5.8-11:

"Sejam sóbrios e vigilantes. O inimigo de vocês, o diabo, anda em derredor, como leão que ruge procurando alguém para devorar. Resistam-lhe, firmes na fé, certos de que os irmãos de vocês, espalhados pelo mundo, estão passando por sofrimentos iguais aos de vocês.

E o Deus de toda a graça, que em Cristo os chamou à sua eterna glória, depois de vocês terem sofrido por um pouco, ele mesmo irá aperfeiçoar, firmar, fortificar e fundamentar vocês. A ele seja o domínio para sempre. Amém!".

Como deixei grifado, essa dor que machuca a sua alma, acredite, você será um vaso de bênção nas mãos do Espírito Santo, não deixe a culpa te dominar, você fez o seu melhor e nada que de diferente ocorresse poderia mudar o acontecido, não permita afastar-se das pessoas, muitas palavras de conforto são verdadeiras, outras talvez o machuque por serem colocadas de maneira errada (sempre acontece). Valorize a ação dessa pessoa ou se for algo muito violento perdoe, não deixe brotar sentimentos que machucarão mais a sua alma, ore a Deus, caso a dor seja intensa e as palavras não venham à sua mente, permita-me auxiliá-lo(a) no início da sua oração.

"Deus pai da misericórdia, do amor, da compaixão, estou aqui na sua presença, clamo por derramar o seu amor, sei que o Senhor é soberano e faz o que é melhor para os seus filhos, mas estou tão desesperado(a), a alma está em agonia como o seu Filho no Monte das Oliveiras. Pai, estou com pensamentos e sentimentos confusos, ajuda-me, livre-me desta angústia que carrego todos os dias, desde que o Senhor recolheu _____".

Agora abra seu coração e derrame na presença de Deus, e ao terminar diga: "Eu agradeço em Nome de seu Filho Jesus Cristo".

Capítulo 4

NEGOCIAÇÃO

Nessa fase que foi colocada por Elisabeth, no meu conceito está relacionada com o luto antecipatório, refere-se à fase em que o paciente se encontra enganado pela medicina atual e somente está aguardando o ciclo da vida se completar. Isso não se encontra no livro de Rute, pois este inicia a narrativa de Noemi sobre a perda de seu esposo e filhos, então recorreremos a dois relatos bíblicos e perceberemos que os dois têm negociação com Deus, porém as resposta são diferentes.

Um dos relatos encontramos no livro de 2º Samuel 12. 16-23: "Davi suplicou a Deus pela criança. Davi jejuava e, entrando em casa, passava a noite deitado no chão.

Então, os anciãos do seu palácio se aproximaram dele, para o levantar do chão; porém ele não quis e não comeu com eles.

No sétimo dia, a criança morreu. E os servos de Davi ficaram com medo de informá-lo de que a criança estava morta, porque diziam:

— Quando a criança ainda estava viva, falávamos com ele, mas ele não dava ouvidos à nossa voz. Como, então, vamos dizer a ele que a criança morreu? Poderá fazer alguma loucura!

Mas Davi notou que os seus servos cochichavam uns com os outros e entendeu que a criança havia morrido. Então perguntou:

— A criança morreu?

Eles responderam:

— Morreu.

Então Davi se levantou do chão, lavou-se, ungiu-se, trocou de roupa, entrou na casa do Senhor e adorou. Depois, voltou para o palácio e pediu comida; puseram-na diante dele, e ele comeu.

Os seus servos lhe disseram:

— Que é isto que o senhor fez? Pela criança viva o senhor jejuou e chorou, mas, depois que ela morreu, se levantou e se pôs a comer!

Davi respondeu:

— Enquanto a criança ainda estava viva, jejuei e chorei, porque dizia: 'Talvez o Senhor se compadeça de mim, e a criança continuará viva'.

Mas agora que ela morreu, por que jejuar? Poderei eu trazê-la de volta? Eu irei até ela, mas ela não voltará para mim".

Nesse relato bíblico, podemos perceber um pai que recebe a notícia de que seu filho que nascerá não teria muito tempo de vida, e ele como um verdadeiro adorador a Deus recorreu ao único capaz de reverter a situação e transforma a notícia desagradável em um milagre.

No versículo 16 percebemos a busca incessante através de oração e jejum. A Bíblia não relata as orações, mas podemos imaginar que era pedido de perdão e negociação, nós sempre acreditamos que Deus precisa de algo nosso e a doença está para ele negociar conosco, como trabalho missionário, frequentar mais a igreja, ajudar os necessitados e famintos, ser honesto nos negócios, ter um vida moral correta e assim por diante. Todavia Deus não precisa usar a sua vida ou do seu querido para fazer você mudar as suas atitudes, doenças fazem parte da nossa vida, desde que somos gerados estamos em um ciclo que formação em que podem ocorrer falhas de ordem genéticas que levam a ficarmos com os nossos dias contados.

Davi buscou, você deve ter buscado, mas ambos não receberam a resposta que tanto desejavam. Davi tem algo a ensinar nesta passagem que se encontra no versículo 23:

"Mas agora que ela morreu, por que jejuar? Poderei eu trazê-la de volta? Eu irei até ela, mas ela não voltará para mim".

Davi compreendeu que as suas preces (negociação) foram infrutíferas e o tempo de seu filho com ele foram somente sete dias; a frase que impressiona encontra-se na parte final do versículo: "Eu irei até ela, mas ela não voltará para mim". Ele está com toda a razão, o decreto de Deus foi que a criança retornasse a Deus e Davi não poderia fazer nada, contudo ele tinha uma certeza de que ele se encontraria com ela porque ele também passaria pela estrada da morte. Essa certeza temos que ter após várias barganhas realizadas por nós em momentos de desespero, de que um dia encontraremos o nosso querido após a nossa caminhada se encerrar aqui.

Em outro relato bíblico, percebemos que Deus foi procurado após um homem receber notícia de que não teria muito tempo de vida, em Isaías 38. 1-5:

"Por esse tempo, Ezequias adoeceu de uma enfermidade mortal. O profeta Isaías, filho de Amoz, foi visitá-lo e lhe disse:

— Assim diz o Senhor: 'Ponha em ordem a sua casa, porque você morrerá; você não vai escapar.'

Então Ezequias virou o rosto para a parede e orou ao Senhor.

Ezequias disse:

— Ó Senhor, lembra-te de que andei diante de ti com fidelidade, com coração íntegro, e fiz o que era reto aos teus olhos.

E Ezequias chorou amargamente.

Então a palavra do Senhor veio a Isaías, dizendo:

— Vá e diga a Ezequias: assim diz o Senhor, o Deus de Davi, seu pai: 'Ouvi a sua oração e vi as suas lágrimas. Acrescentarei quinze anos à sua vida.'"

Esse relato bíblico é recebido todos os dias por alguém em um hospital, não tem um profeta, mas tem um médico, uma notícia dessa é muito desagradável e quando ocorre em nossa família, todos fazemos como rei Ezequias, buscamos a face de Deus e clamamos por sua misericórdia, e muitas das vezes usamos os mesmos termos da oração do rei, lembramos nossa fidelidade na obra da intensidade da fé e clamamos por um intervenção divina na doença do nosso querido.

Deve estar perguntando, como dois reis, ambos fiéis a Deus passando pela mesma situação, as respostas são diferentes, como é possível? Davi buscou a Deus sete dias com jejum e oração e assim mesmo o seu filho faleceu, enquanto Ezequias faz um pequena prece, de alguns minutos e seu pedido foi atendido.

Podemos buscar várias explicações teológicas tentando ver cada caso individualmente, qual o motivo que chegou o aviso da morte, o que acontece depois, teremos várias visões, mas eu gostaria deixar bem claro que todos os possíveis motivos de cada um dos reis e suas orações serem ou não atendidos estão em somente uma linha de pensamento: SOBERANIA DIVINA. Sim, é uma verdade muitas vezes esquecida nos dias atuais, em que o homem acredita ter poder sobre Deus, em muitos púlpitos, orações, e palavras de conforto deixam bem claro que Deus tem que obedecer ao comando do homem, principalmente quando ele determina, e quando não acontece, o motivo é qualidade ou tamanho da fé daquele cristão que orava, novamente volta unicamente para a força do homem (criatura) esquecendo o poder de Deus (criador).

Em nossa sociedade, na qual o antropocentrismo é exaltado, esquecemos o poder de Deus sobre suas criaturas, como verdadeiros filhos devemos obedecer à vontade do nosso Pai, que nos ama e deseja sempre o melhor. Às vezes, ele atende a um pedido da maneira que desejamos e outras não o atende, mas uma coisa é certa, ambas são as melhores situações para nossa vida. Quero deixar alguns versículos bíblicos sobre a soberania de Deus.

"Bem sei que tudo podes, e nenhum dos teus planos pode ser frustrado." (Jó 42. 2).

"Logo, Deus tem misericórdia de quem quer e também endurece a quem ele quer. Mas você vai me dizer: 'Por que Deus ainda se queixa? Pois quem pode resistir à sua vontade?'. Mas quem é você, caro amigo, para discutir com Deus? Será que o objeto pode perguntar a quem o fez: 'Por que você me fez assim?'. Será que o oleiro não tem direito sobre a massa, para do mesmo barro fazer um vaso para honra e outro para desonra? Que diremos se Deus, querendo mostrar a sua ira e dar a conhecer o seu poder, suportou com muita paciência os vasos de ira, preparados para a destruição." (Romanos 9. 18-22).

"Pois ele diz a Moisés: 'Terei misericórdia de quem eu tiver misericórdia e terei compaixão de quem eu tiver compaixão'. Assim, pois, isto não depende de quem quer ou de quem corre, mas de Deus, que tem misericórdia." (Romanos 9. 15-16).

Capítulo 5

DEPRESSÃO

Nessa fase o enlutado adquire raiva de si e vira-se contra si a depressão toma conta porque percebe que a perda do seu familiar é inevitável. Quando as obrigações terminam, quando a vida começa novamente andar nos caminhos que antes andavam, porém sem a pessoa do nosso lado, os familiares e amigos voltam para a sua rotina, a atenção já não é dada como antes, pois todos acreditam que você tem que continuar a viver; a dor, a saudade continuam, a sociedade o obriga a cumprir as obrigações diárias e mensais e percebe que realmente todo o acontecido não é sonho, o nosso querido não foi viajar ou posar na casa de um familiar.

Noemi comportou-se como nessa etapa do luto. Esse sentimento ela tinha sobre ela, mesmo tendo chegado à sua terra natal fugindo de Moabe, deixado para trás um das noras e sua casa, todas as tentativas foram em vão no alívio da dor, porque o problema não está no exterior e sim no interior.

Capítulo 1. 20-22:

"Porém ela lhes dizia:

— Não me chamem de Noemi, mas de Mara, porque o Todo-Poderoso me deu muita amargura. Quando saí daqui, eu era plena, mas o Senhor me fez voltar vazia. Por que, então, querem me chamar de Noemi, se o Senhor deu testemunho contra mim e o Todo-Poderoso me afligiu?

Foi assim que Noemi voltou da terra de Moabe, com Rute, sua nora, a moabita. E chegaram a Belém no começo da colheita da cevada".

Para compreender a dor de Noemi temos que explicar sobre a importância do nome. No Oriente, o nome diz o que representa a pessoa ou a situação a qual ela passou, a dor era intensa para Noemi (que significa agradável), e ela mudou o seu nome para Mara (que significa amarga).

Olhe o que a dor do luto faz em uma pessoa, a perda do esposo e dois filhos transforma uma Noemi em Mara, ou podemos dizer, de agradável em amarga.

Releia a descrição breve sobre a depressão, perceba que isso é muito importante, tem de perceber que quando estamos nessa fase, creio que seja a pior de todas, vou explicar por que.

Quando estamos na negação, sempre teremos situações e pessoas que nos ajudarão a lembrar a perda, mesmo não sendo essa a intenção. As situações externas nos ajudam a sair da fase da negação, na fase da revolta também a busca por achar o culpado o ajuda a se levantar da cama à busca das respostas, muitas das vezes ou quase sempre será o motivador diário para iniciar mais um dia, percebendo que tudo é externo.

Nessa fase o problema não está mais no exterior, e sim no interior da nossa alma. O céu azul já não existe mais desde o trágico momento, porém esse céu que não era mais azul agora se torna mais escuro, pronto para uma tempestade. Ficamos como Noemi, amargos, realmente acreditamos que Deus está contra nós e usamos a frase de Noemi: o Todo-Poderoso me afligiu.

Quero explicar que esse sentimento é normal, porém não podemos ficar parados nele, que permaneça em nossa vida por muitos meses ou anos, não é saudável para você ou para quem está ao seu lado.

Voltemos a recorrer à Bíblia e buscar em dois personagens e homens de Deus que passaram por esse momento, amargura vem acompanhada de dúvidas e questionamentos, por que Deus colocou tantos sonhos e realizou muitos deles para depois tirar o nosso amado, já que ele tinha o propósito de escrever a nossa história desse jeito, porque dar tanta felicidade e depois permitir a dor?

"Palavras de Jeremias, filho de Hilquias, um dos sacerdotes que estavam em Anatote, na terra de Benjamim. A palavra do Senhor veio a ele no décimo terceiro ano do reinado de Josias, filho de Amome rei de Judá. Veio também nos dias de Jeoaquim, filho de Josias, rei de Judá, até o fim do décimo primeiro ano do reinado de Zedequias, filho de Josias, rei de Judá. No quinto mês desse ano, os moradores de Jerusalém foram levados ao exílio. A palavra do Senhor veio a mim, dizendo: 'Antes de formá-lo no ventre materno, eu já o conhecia; e, antes de você nascer, eu o consagrei e constituí profeta às nações.'

Então eu disse:

— Ah! Senhor Deus! Eis que não sei falar, porque não passo de uma criança.

Mas o Senhor me disse: 'Não diga: não passo de uma criança.' Porque a todos a quem eu o enviar, você irá; e tudo o que eu lhe ordenar, você falará.

Não tenha medo de ninguém, porque eu estou com você para livrá-lo', diz o Senhor.

Depois, o Senhor estendeu a mão e tocou na minha boca. E o Senhor me disse: 'Eis que ponho as minhas palavras na sua boca. Veja! Hoje eu o constituo sobre as nações e sobre os reinos, para arrancar e derrubar, para destruir e arruinar, e também para edificar e plantar'".

Quem hoje não gostaria de passar por um momento desse em que Deus fala com você quando criança, mas vamos buscar nesses versículos as promessas feitas a Jeremias:

"Antes de formá-lo no ventre materno, eu já o conhecia; e, antes de você nascer, eu o consagrei e constituí profeta às nações".

Antes de nascer ele já era profeta às nações e concluí no versículo 10 as promessas de Deus, acredito ser o desejo de qualquer cristão ser um profeta de Deus, portador das boas novas ou não, importante é ser instrumento nas mãos do criador. Ao fazer uma pesquisa hoje em uma igreja, 100% desejariam essa incumbência e a certeza de que corações estavam cheios de sonhos e busca por felicidades.

Acontece conosco, Deus acrescenta em nossas vidas pessoas amadas e acreditamos que isso seja o auge das bênçãos; após um período de horas, dias, meses, anos ele vem e os recolhe aos seus braços, o porquê desses acontecimentos não sei responder, contudo algo que está em meu coração trata-se da soberania de Deus e seus propósitos, os quais são perfeitos, não os compreendemos, fazemos planos e Deus tem seu propósito para cada momento.

Retornemos ao nosso profeta, depois de algum tempo percebemos que ele também passou por turbulências nas quais não vamos nos aprofundar, pois quero ir direto ao momento de depressão e tristeza que havia em seu coração, conforme narrado em seu livro Jeremias 15.10: "Ai de mim, minha mãe! Porque você me pôs no mundo para ser homem de rixa e homem de discórdias para toda a terra! Nunca lhes emprestei, nem pedi dinheiro emprestado, mas todos me amaldiçoam".

Ele fala de toda tristeza e questiona sobre sua vida e todo o seu ministério dizendo que todos querem o mal dele, não era desse jeito que imaginava o seu ministério de profeta, todos amaldiçoando, ao contrário, desejava ser amado por seu povo, mas não era o desígnio de Deus na vida dele, contudo Jeremias continuou firme na sua tarefa de falar ao povo judeu.

Assim desejo a você, querido, em momento como esse de dor e não compreensão dos desígnios de Deus, continue fiel a ele, não permita que sua depressão afete o seu caminhar com o Senhor, continue na estrada, pois são os momentos de provação que nos aproximam de Deus.

Outro profeta que também passou por momentos de felicidades e depressão, sua história é bem conhecida, mas o amado leitor que não é conhecedor da Bíblia talvez não a conheça, estou falando do profeta Elias, no livro 1° Reis 18. 20-39. Esse texto bíblico relata uma disputa entre os profetas de Baal e o profeta Elias, este fez cair fogo do céu e queimou todo o sacrifício do altar: "Então caiu fogo do Senhor e consumiu o holocausto, a lenha, as pedras e a terra, e ainda lambeu a água que estava na vala". 1° Reis 18. 38.

Amado leitor, perceba o grande feito desse homem e servo de Deus quando ele clamou aos céus e desceu fogo, algo inimaginável em nosso tempo, demonstrando para toda a nação de Israel que Deus estava com ele e amava o seu povo, que o traia com outro deus, Baal. Deus não abandona os seus escolhidos, não rompe aliança mesmo que o outro lado rompa e busque outros deuses, sim, amado leitor, neste momento de depressão podemos cometer a falha em pensar, ou até mesmo procurar maneiras não correta para aliviar a nossa dor, procurar possibilidades de receber sugestões para ir aos lugares que não têm altares e liturgias nas práticas cristãs. O povo judeu também conhecia os caminhos corretos, mas sempre se desviavam; não permita que aconteça com você, busque sua esperança sempre no Senhor único.

No capítulo 19, a rainha Jezabel jurou que mataria o profeta Elias: "Então Jezabel mandou um mensageiro a Elias para dizer-lhe: — Que os deuses me castiguem se amanhã a estas horas eu não tiver feito com a sua vida o mesmo que você fez com a vida de cada um deles" 1 Reis 19. 2.

Como que aquele homem, que fez fogo descer do céu, estava com medo de Jezabel? Uma pergunta intrigante que poderá ter várias respostas, mas podemos juntos verificar no versículo 2, ela ameaçou tirar a sua vida, sim, o temor da morte dá essa sensação de medo, insegurança e até mesmo nos levar a fugir de todos. Elias está com medo de morrer. O medo está inclusive com os nossos familiares que já estão em fase final da vida, a morte, até nos dias atuais, assusta, mesmo com todos os recursos médicos. Por temor que Jezabel tirasse sua vida, Elias fugiu de todos, confinando-se no deserto, sentindo-se abandonado, desolado e algumas vezes agimos assim como ele, com temor por nossa vida ou de familiares em fase terminal, fugimos de todos, até de Deus.

"Elias ficou com medo, levantou-se e, para salvar a vida, se foi e chegou a Berseba, que pertence a Judá. E ali ele deixou o seu servo. Ele mesmo, porém, foi para o deserto, caminhando um dia inteiro. Por fim, sentou-se debaixo de um zimbro. Sentiu vontade de morrer e orou: — Basta, Senhor! Tira a minha vida, porque eu não sou melhor do que os meus pais." 1 Reis 19. 3-4.

Senta-se debaixo de um arbusto e deseja morrer, sendo que no versículo 3 ele se levantou para salvar a sua vida? Caminhando um dia inteiro no deserto, com certeza o silêncio da caminhada e seus pensamentos levaram a perder o desejo de viver. E com você, já não aconteceu o mesmo? Os seus pensamentos estão te levando para o desejo de não viver? O ficar sozinho não é bom, devemos estar sempre falando os nossos sentimentos, caso contrário, começaremos a acreditar que não tem mais sentido viver, e isso não é verdade, enquanto Deus não decretar o nosso último minuto, nossa vida tem sentido, nossa caminhada continua assim como os propósitos do Senhor.

Como eu consigo sair desses pensamentos negativos que permeiam a minha cabeça, deve estar se questionando, como vencer o desejo de morrer com o seu querido? Agora juntos vamos passar a vencer esse desejo que rodeia a sua mente, observando os versículos seguintes do texto. Primeiramente, para vencer esse sentimento de depressão e desejo da própria morte, necessitamos alimentar e descansar o corpo, perceba no versículo 5: "Deitou-se, dormiu debaixo de um Zimbro. E eis que um anjo tocou nele e lhe disse; — Levante-se e coma". Deus enviou um anjo com alimentos e Elias, após alimentar-se, voltou a descansar e novamente foi acordado para se alimentar, e depois recebeu a ordem de se encontrar com Deus.

Amado, você percebeu que antes do encontro com Deus ele se alimentou e descansou? Simplificando em uma linguagem popular, recuperou as forças, sim, temos que estar com o nosso corpo alimentado com todas as vitaminas e energia para podermos descansar e ficar com disposição e esperança em viver. Agora, se você não está com desejo de se alimentar, esforce-se, peça ajuda a outros caso não tenha ânimo para cozinhar, busque companhia para comer, sozinho ninguém se motiva, mas lembre-se sempre de se alimentar.

A etapa seguinte é a principal: buscar a Deus. O profeta foi ao monte Horebe; não precisa ir ao monte, vale ou floresta, hoje podemos encontrar Deus em nosso quarto, como Jesus disse: "mas, ao orar, entre no seu quarto e, fechada a porta, ore ao seu Pai, que está em secreto. E o seu pai, que vê em secreto, lhe dará a recompensa." Mateus 6. 6. Abra seu coração como Elias fez, no versículo 14, de 1º Reis 19: "ele respondeu: — Tenho sido muito zeloso pelo Senhor, Deus dos Exércitos, porque os filhos de Israel deixaram a tua aliança, derrubaram os teus altares e mataram os teus profetas à espada. Só fiquei eu, e eles estão querendo tirar-me a vida". Ele abriu o coração e colocou todo o seu medo para Deus, não que Ele não o soubesse, mas porque Elias precisava falar e essa não a única vez, também houve o mesmo diálogo no versículo 10. Aprendemos que, algumas vezes, o nosso Deus permitirá que falemos várias vezes antes de responder, assim a dor é aliviada porque é necessário falar e orar é conversar com Deus, então, se não estiver no seu quarto, ou em outro lugar que possa ficar a sós com Deus, abra seu coração quantas vezes for necessário e nunca esqueça o que Jesus disse em Mateus 6. 6, descrito anteriormente. Essa recompensa não é dinheiro ou bens, mas uma calma e tranquilidade inexplicáveis que somente Deus pode derramar e nos inundar com todo seu amor e cuidado.

Capítulo 6

ACEITAÇÃO

Querido leitor, espero que quando estiver lendo isto você já esteja nesta fase do luto, a aceitação, ou próximo dela, mas ao que se refere, o momento em que aceita a perda com paz, sem negação, culpa a sua relação com Deus, retorna a como era no início ou até mais fortalecida (é possível) e começa a compreender as situações secundárias da vida, as quais não estão atreladas a ninguém.

Mas não se preocupe caso não esteja nessa etapa e talvez esteja pensando que nunca chegará, é pensamento muito comum em enlutados com pouco tempo, após a perda a dor não permite que veja a luz no fim do túnel, mas não pare de ler pensando que o tema atual é uma utopia ou delírio de um cristão.

Vamos ver o que acontece com a nossa personagem bíblica neste momento, você leu o livro inteiro e não encontrou a etapa da aceitação. Por que será? O seu coração está como o de Noemi ou como o de Mara, dois nomes para a mesma pessoa. Garanto que nessa etapa a Mara já não existe mais na vida da nossa personagem, mas caso tenha observado, no texto bíblico, a aceitação provavelmente no seu coração não é mais Mara, deve ser Alice, Marta, Maria, Angela, Pedro, Carlos e outros.

Mas antes do relato bíblico temos que fazer um pequeno comentário que passa despercebido em um leitor que não compreende muito a dinâmica do mover de Deus em nossa vida.

O retorno das duas mulheres para Belém, acredite, tem sim a mão de Deus, ocorreu durante o início da colheita.

Rute 1. 22:

"Foi assim que Noemi voltou da terra de Moabe, com Rute, sua nora, a Moabita. E chegaram a Belém **no começo da colheita da cevada**".

Na cultura judaica na época havia uma festa para comemorar o início da colheita. Agora imagine, leitor, as duas mulheres chegando com o coração partido e entrando em um ambiente festivo, não podemos esquecer que nessa época Belém era uma aldeia pequena e todos se conheciam. Vejam em Rute 1. 19: "Então ambas se foram, até que chegaram a Belém. E aconteceu que, ao chegarem ali, **toda a cidade se comoveu por causa delas. E as mulheres perguntavam: — Essa não é a Noemi?**".

Sim, a nossa recuperação muitas vezes também está atrelada ao ambiente no qual convivemos, se estamos no ambiente triste, onde brota amargura, é muito difícil chegarmos a essa etapa da aceitação, porque vamos diariamente alimentando a nossa dor. Precisamos buscar novos ambientes alegres com pessoas que vejam o lado bom da vida, que tem uma luz natural, que conte uma boa piada (sadia), para quem tem prazer em dançar vai a um ambiente saudável e dance.

Quero demonstrar a importância, em momentos de aflição, buscar pessoas que possam nos fortalecer e, claro, buscaremos na Bíblia para demonstrar essa importância.

"Que o Senhor conceda misericórdia à casa de Onesíforo, porque, muitas vezes, me deu ânimo e nunca se envergonhou das minhas algemas. Pelo contrário, quando chegou a Roma, me procurou com persistência até me encontrar." (2ª Timóteo 1. 16-17).

Amado leitor, perceba que o apóstolo Paulo encontra-se em momento de fragilidade, porém ele é um homem que aceita as condições impostas ao seu ministério e automaticamente com corpo, ele está preso aguardando julgamento em uma situação na qual nada possa ser alterado. Deus enviou um cristão para alegrar e confortar o coração de Paulo, você deve estar pensando que situações são diferentes, Paulo está preso e você perdeu uma pessoa muito querida, não se esqueça de que estamos falando de uma prisão e condenação do primeiro século da era cristã em que a pena era a morte, então Paulo no seu coração também está apertado, pois havia a possibilidade de ser executado, e deixar de lado os seus amados filhos na fé que tanto ele dedicou-se para evangelizar e discipular.

"Em porque para mim o viver é Cristo, e o morrer é lucro. Entretanto, se eu continuar vivendo, poderei ainda fazer algum trabalho frutífero. Assim, não sei o que devo escolher. Estou cercado pelos dois lados, tendo o desejo de partir e estar com Cristo, o que é incomparavelmente melhor. Mas, por causa de vocês, é mais necessário que eu continue a viver. E, convencido disto, estou certo de que ficarei e permanecerei com todos vocês, para que progridam e tenham alegria na fé." (Filipenses 1. 21-25).

Percebe a agonia do seu coração, porém ele está na fase de aceitação, pois entende que não adianta lutar em um destino, o qual não está em suas mãos e sim nas mãos de Deus.

Agora retornamos para a nossa mulher guerreira, que está lutando para sobreviver após tantas tragédias, estas que estamos acompanhando, ela também chegou à fase da aceitação, como podemos ler.

"Então Noemi perguntou:

— Onde você foi colher hoje? Onde trabalhou? Bendito seja aquele que acolheu você com tanta generosidade! E Rute contou à sua sogra onde havia trabalhado.

E acrescentou:

— O nome do homem com quem trabalhei hoje é Boaz.

Então Noemi disse à sua nora:

— **Que ele seja abençoado pelo Senhor Deus, que não deixou de ser bondoso, nem para com os vivos nem para com os mortos.**

E Noemi acrescentou:

— Esse homem é nosso parente chegado e um dos nossos resgatadores." (Rute 2. 19-20).

Perceba que uma pessoa que no capítulo anterior acredita em um Deus castigador e cruel que estava devolvendo tudo e pouco mais para Noemi devido à sua culpa, agora após receber alimento consegue abençoar outra pessoa, e digo que isso é possível quando a dor, revolta, culpa, estão curados, caso contrário não conseguimos levantar a voz para agradecer e abençoar.

Vamos discorrer nas duas palavras agradecer e abençoar, no texto grifado Noemi agradece a Deus por sua bondade. Após as outras etapas do luto passarem, o enlutado, principalmente cristão, começa a compreender que em nenhum momento Deus o abandonou, como você está lendo desde a primeira página deste livro. Agora, amado leitor, faça uma breve parada em sua leitura e busque em sua memória desde o primeiro dia até este momento– desde que sinta que tenha condições para isso e ver todas as situações em que Deus não deixou de ser bondoso com os vivos (você).

Não tenho dúvida de que vieram vários momentos do acolhimento do Espírito Santo; não sendo muito ousado, talvez como este livro tenha chegado a suas mãos deva ser obra Espírito Santo. Não vamos perder a oportunidade de, após essa reflexão e lembranças, agradecer a Deus, ore agradecendo, não deixe para depois.

Abençoar é a maior dádiva que Deus nos deu, como cristão, abençoar outras pessoas, e tem várias maneiras de fazer isso, com orações ou ações. Novamente vamos fazer o exercício de lembrar as pessoas que estiveram ao nosso lado, começando por aquele que na maior parte do tempo estava ao nosso lado, e acredite, talvez até este momento você não se deu conta da importância dela. Se possível, agradeça e mostre o quanto ela foi importante no momento mais triste da sua vida, e de outra maneira agindo; você já pensou em ajudar outras pessoas que estão passando por essa situação e não estão conseguindo superar a dor por vários motivos, que esperam que você seja um canal de bênção e porta-voz de Jesus, mas não preciso dizer que você não está evangelizando ninguém e sim ajudando a superar o luto. Ajude a encontrar o caminho das pedras, mostre o fim do túnel e a luz que existe. Quem é a melhor pessoa para poder ajudar do que você, que atravessou o vale da morte, como diz o Salmo 23. 4:

"Ainda que eu ande pelo vale da sombra da morte, não temerei mal nenhum, porque tu estás comigo; o teu bordão e o teu cajado me consolam".

Nessa última fase, o enlutado já consegue viver com dor da perda, esta se transforma em saudade, momentos alegres tomam maior parte das lembranças e a vida diária torna-se mais fácil e novamente os sonhos e o prazer de novos relacionamentos aparecem, pensar em um novo casamento, ter um novo filho, em momento de luto intenso a sensação desses pensamentos traz a sensação de traição da pessoa falecida, ter momentos de alegria não a machucam como antes, é possível retornar à felicidade. A nossa enlutada da Bíblia chegou nessa fase com uma bênção, pois uma nova vida sempre é motivo de alegria.

Em Rute 4. 16 diz:

"Noemi pegou o menino no colo e passou a cuidar dele".

Percebe que a nossa companheira de caminhada neste livro conseguiu estar novamente viva com sonhos e motivos para retornar à vida? Essa é uma das maneiras de reiniciá-la, um novo filho, que não vai substituir os outros que estão com Deus. Essa é uma maneira de Deus agir, mas há várias outras, como novo emprego, desejo de retornar aos estudos, fazer trabalhos voluntários, e assim por diante. O final dessa história você pode encontrar no último versículo, no qual a árvore genealógica de Cristo está contida na história de Rute e Noemi.

A sua história ainda não foi escrita por completa, há vários capítulos em branco para você escrever, este capítulo atual com certeza é um dos mais doloridos, contudo ele ajudará você a escrever os outros de uma maneira diferente dos capítulos anteriores do seu livro. Não deixe sentimentos como amargura e tristeza serem seu norte, e sim que a esperança, o amor, a empatia, a amizade, a alegria sejam um capítulo novo a cada página da sua vida e que os personagens principais sejam Deus e você.

Amado leitor, espero que você tenha chegado a essa etapa do luto compreendendo um pouco sobre o tema e como podemos encontrar na Bíblia um livro que possui como assunto secundário, ou até mesmo terciário, a clareza da dor de estar passando o luto.

Agora gostaria de expor nas próximas páginas como o Novo Testamento e, mais precisamente, o nosso Senhor Jesus Cristo, o

Deus-homem, que sentiu dor e tristeza, abordou as pessoas, confortou-as até no seu momento de dor e como podemos trazer para os dias de hoje. Não esqueçamos que Jesus continua vivo e o que foi realizado no passado pode ser realizado no presente.

Atualmente, fala-se muito sobre prosperidade, bênção, milagres, unção, fogo e tantos outros jargões religiosos evangélicos, mas vou contar um segredo, que não é tão segredo: o verdadeiro significado do Evangelho e a religião pura que o nosso Deus deseja de todos não são os cultos emotivos, e sim o acolhimento, como está no livro de Tiago 1. 27.

"A religião pura e sem mácula para com o nosso Deus e Pai é esta: visitar os órfãos e as viúvas nas suas aflições e guardar-se incontaminado do mundo".

Como é lindo esse texto, um simples versículo é o resumo do que é ser cristão e auxiliar os mais necessitados. Em qualquer época que seja lido por um órfão que perdeu um dos seus pais, ele necessita de braços acolhedores, e o que dizer de um(a) viúvo(a) nos primeiros meses após a perda; sim, estamos em uma época em que a dependência da sobrevivência não está atrelada às mãos de um homem, como na época em que foi escrita essa carta, mas a Bíblia é viva e temos que estar atentos às palavras que são tão atuais. Perceba que o final do versículo é muito atual: **"nas suas aflições e guardar-se incontaminado do mundo"**. Após a perda, muitas pessoas podem seguir caminhos errados, principalmente jovens e adolescentes, com sentimento de revolta, os(as) viúvos(as) também correm esse risco e, por carência afetiva, podem cair em situações difíceis em busca de conforto. É uma obrigação, por assim dizer, dos cristãos ampararem os enlutados.

Mostraremos que Jesus na sua caminhada em Israel conviveu com o luto, ele auxiliou o luto de todos os membros de uma família, ele acolheu um pai, uma mãe e um irmão. Se você for conhecedor da Bíblia, ou simplesmente a leu, pode não ter percebido o acolhimento de Jesus aos enlutados. Em muitos relatos há ressurreição, um milagre que todos nós desejamos. Não vamos entrar no assunto com detalhes dos motivos, visto que o objetivo deste livro não é fazer teologia, mas ser um conforto para o cristão e o não cristão, a fim de perceberem que o nosso Deus não está indiferente à nossa dor da perda, pelo contrário, ele se importa com ela.

Jesus não passou a sua vida sem presenciar a morte física, ele perdeu seu pai, não sabemos quantos anos ele tinha, pois não está relatado na Bíblia. O último relato foi aos 12 anos, em Lucas 2. 40-48, não vamos buscar outras fontes históricas, permaneceremos somente com a Bíblia, no início do seu ministério aqui na Terra. Seu pai José não é mais citado, então podemos compreender, com um pouco de bom senso, que Jesus perdeu uma pessoa querida, o seu pai adotivo.

"O menino crescia e se fortalecia, enchendo-se de sabedoria; e a graça de Deus estava sobre ele. Todos os anos os pais de Jesus iam a Jerusalém, para a Festa da Páscoa. Quando ele atingiu os 12 anos, foram a Jerusalém, segundo o costume da festa. Terminados os dias da festa, ao regressarem, o menino Jesus ficou em Jerusalém, sem que os pais dele soubessem. Pensando, porém, que ele estava entre os companheiros de viagem, andaram um dia inteiro e, então, começaram a procurá-lo entre os parentes e os conhecidos. E, como não o encontraram, voltaram a Jerusalém à sua procura. Três dias depois o acharam no templo, assentado no meio dos doutores, ouvindo-os e fazendo-lhes perguntas.

E todos os que ouviam o menino se admiravam muito da sua inteligência e das suas respostas. Logo que os pais o viram, ficaram maravilhados. E a sua mãe lhe disse:

— Filho, por que você fez isso conosco? **Seu pai e eu estávamos aflitos à sua procura".**

Vamos percorrer o evangelho descobrindo como reagiu o nosso salvador e porque não devemos sentir culpa por chorar, até mesmo ficarmos tristes, sabemos que há uma vida depois desta, pois ele morreu na cruz e sabemos que os nossos queridos estão ao lado de Jesus.

Jesus foi batizado e iniciou o seu ministério e João Batista foi preso, até quando a filha de Herodias pediu a cabeça de João e esse pedido foi atendido, encerrando assim a vida dele. Seus discípulos foram comunicar a Jesus, como relata a Bíblia, em Mateus 14. 10-13:

"Assim, deu ordens para que João fosse decapitado na prisão. A cabeça foi trazida num prato e dada à jovem, que a levou à sua mãe. Então vieram os discípulos de João, levaram o corpo e o sepultaram; depois, foram e anunciaram isso a Jesus. Jesus, ouvindo isto, retirou-se dali num barco para um lugar deserto, à parte. Ao saberem disso, as multidões vieram das cidades seguindo-o por terra".

Jesus, ouvindo que João tinha sido decapitado, afasta-se para um lugar deserto. Nesse recorte do capítulo 14, percebemos a atitude de uma pessoa que sente a dor da perda após a notícia. Algumas pessoas choram, outras entram em estado de histeria, outras, como Jesus, afastam-se, isolam-se e, visto que ele tinha uma relação com o Pai por meio de orações, conforme podemos perceber em todo relato bíblico, particularmente creio que a retirada para esse lugar deserto foi para abrir o seu coração. Todas as vezes que somos surpreendidos com notícias negativas, como a morte e outras situações, nossa primeira atitude deveria ser buscar a Deus, suas orientações, por crermos na soberania Dele e no total controle da vida e lhe pedirmos sua ajuda.

Nesse texto conseguimos extrair algo a mais: os discípulos de João não o abandonaram em momento nenhum, antes de comunicar a Jesus eles fizeram tudo que foi possível para João, levaram o corpo e sepultaram-no, cumprindo todas as obrigações do enterro. Não existe esse relato, Mateus não o escreveu porque os discípulos se disponibilizaram em buscar o corpo do seu mestre, não fariam nada menos do fosse necessário para o sepultamento. Em nossa vida sempre há pessoas que ficarão marcadas para que auxiliem em momentos como esse.

Farei um relato pessoal: minha família é composta por quatro pessoas: pai, mãe e dois filhos. Perdi meu pai aos 16 anos e meu irmão mais velho aos 22 anos, por uma complicação em uma operação no estômago. Isso tudo ocorreu numa tarde de setembro de 1990, num hospital da minha cidade. Desde a comunicação até a liberação do corpo para o velório passaram-se algumas horas, e um vizinho de frente à nossa casa colocou o meu irmão dentro do carro e auxiliou em tudo que era preciso para liberar o corpo e providenciar a urna e o cemitério, disponibilizou o tempo e recursos financeiros para auxiliar uma viúva e dois filhos. Não me esqueço de como ele foi importante para minha família.

Com esse relato, quero dizer para você, caro leitor, que sempre em momentos de extrema dor e desespero haverá pessoas para auxiliar. Quando o nosso raciocínio não funciona, o mundo perde toda a razão. Você foi ajudado, lembre-se de algo que alguém ajudou, direta ou indiretamente, espero que essa lembrança venha à tona na sua memória, e se essa pessoa continua em contato, agradeça, pois é importante para ela e para você.

Capítulo 7

O PAI JAIRO

"Então chegou um dos chefes da sinagoga, chamado Jairo, e, vendo-o, prostrou-se aos pés de Jesus e lhe pediu com insistência:

— **Minha filhinha está morrendo**; venha impor as mãos sobre ela, para que seja salva e viva.

Jesus foi com ele. Uma grande multidão seguia Jesus, apertando-o de todos os lados.

Enquanto Jesus ainda falava, **chegaram alguns da casa do chefe da sinagoga, dizendo:**

— **A sua filha já morreu; por que você ainda incomoda o Mestre?**

Mas Jesus, sem levar em conta tais palavras, disse ao chefe da sinagoga:

— Não tenha medo; apenas creia!

Jesus não permitiu que ninguém o acompanhasse, a não ser Pedro e os irmãos Tiago e João. Chegando à casa do chefe da sinagoga, Jesus viu o alvoroço, os que choravam e os que pranteavam muito. Ao entrar, disse:

— Por que vocês estão alvoroçados e chorando? A criança não está morta, mas dorme.

E riam-se dele. Mas Jesus, mandando que todos saíssem, **levou consigo o pai e a mãe da criança e os que vieram com ele e entrou onde ela estava.**

Tomando a criança pela mão, disse:

— Talitá cumi! Que quer dizer: 'Menina, eu digo a você: Levante-se!'

Imediatamente a menina, que tinha 12 anos, levantou-se e começou a andar. Então todos ficaram muito admirados. Mas Jesus ordenou-lhes expressamente que ninguém o soubesse. E mandou que dessem de comer à menina." (Marcos 5. 22-24; 36-43).

Vamos iniciar o acolhimento de Jesus aos membros da família com o pai, por quê? Infelizmente, a nossa sociedade tem uma visão distorcida dos homens e, principalmente, do pai que perdeu seu filho, sempre esperando que ele seja o lado forte da relação do casal. Essa situação transforma a figura paterna em super-homem, ele tem que reprimir a dor da perda para dar muitas vezes espaço para mãe, avós, não se permitindo abrir seu coração e sentimento. Se você é pai ou conhece um que perdeu seu filho, abra seu coração, extravase toda essa angústia que aperta seu coração, seja como o chefe da sinagoga, não se preocupe com a opinião alheia, o importante é aliviar a dor, e caso você conheça alguém, abra espaço, ceda o seu ombro amigo e mostre o quanto é importante falar.

"**Então chegou um dos chefes da sinagoga, chamado Jairo**". Esse homem, que na época era uma pessoa muito importante em um estado religioso, onde líderes religiosos eram exemplos de conhecimento, juízes, e todos os demais deveriam prestar sempre reverências devido ao seu status, porém quando a morte chega à sua casa os valores da sociedade perdem significado, principalmente quando a vida da sua filha está correndo perigo.

Jairo não relutou para falar com Jesus, demonstrar o seu temor frente à morte, esse deve ser o nosso exemplo, apresentar a Jesus a nossa causa, não ficar preso em religiosidade. Jairo era um homem religioso, cheio de obrigações legais, mas tudo foi jogado para o lado, tudo ficou em segundo plano e ele buscou a presença de Deus por meio de Jesus.

"**A sua filha já morreu; por que você ainda incomoda o Mestre?**". Nos dias atuais, a frase similar a essa seria: sua filha já morreu, ela está no céu, por que ainda chora, não tem fé? É triste, mas muitos cristãos não entendem que quem sofre de luto não tem nada a ver com falta de fé, mas essa fé em um dia ver o nosso amado novamente quando formos chamados por Deus e ele retirar o sopro de vida, então reencontraremos com nosso familiar, essa fé que nos faz levantar todos os dias da cama.

Jesus nunca ficará incomodado por você procurá-lo, pois **ele, sem levar em conta tais palavras,** não está em busca de palavras, mas de um coração quebrantado, um coração que talvez não seja capaz de produzir uma frase, até uma palavra, apenas lágrimas que vêm da alma, como no salmo: "**Estou cansado de tanto gemer; todas as noites faço nadar o meu leito, de minhas lágrimas o alago**" (Salmo 6. 6). Sim, ele reconhece um coração triste que busca refrigério no Espírito Santo. Seja como Jesus, não ouça pessoas que trazem tristeza ou dizem palavras que não se encontram na Bíblia, lembre-se de que ele não busca provar externamente a fé, um verdadeiro adorador neste momento estará em agonia.

"**Jesus não permitiu que ninguém o acompanhasse, a não ser Pedro e os irmãos, Tiago e João**".

Ele não se deixou acompanhar porque ele não permite que a dor de uma pessoa se torne um espetáculo, infelizmente há líderes religiosos ou membros de igreja que utilizam a dor do luto para se autopromoverem, fazendo desse momento um espetáculo para comover ou dizer que é um líder acolhedor. Porém Jesus não é assim, ele vai encontrá-lo no seu quarto, não precisa utilizar a sua dor para promover o reino, pode até ser no futuro, quando você estiver com a dor do luto amenizado e somente a saudade no seu coração, e poderá usá-lo para obra do reino, mas tenha certeza de que nunca será durante a sua dor.

"**[...] a não ser Pedro e os irmãos, Tiago e João**". Jesus poderia ter ido sozinho, mas preferiu levar consigo três apóstolos, hoje ele também leva pessoas junto para realizar o milagre. Como você deve estar se perguntando, lembra-se dos versículos nas páginas anteriores? "**Religião pura e sem mácula para com o nosso Deus e Pai é esta: visitar os órfãos e as viúvas nas suas aflições e guardar-se incontaminado do mundo**". Hoje ele pede para ir junto à igreja e seus fiéis seguidores obedecem aos seus ensinamentos. Lembre-se de que toda vez que você orar no seu quarto o Espírito Santo estará com você, contudo ele chamará outras pessoas para acompanhá-lo nessa missão a fim de curá-lo dessa dor. Creia, Jesus não o abandona, e está preparando pessoas para auxiliá-lo, não sei quantos Pedros, Tiagos ou Joãos.

"Levou consigo o pai e a mãe da criança e os que vieram com ele e entrou onde ela estava".

A sua oração não servirá somente para você, ela também atingirá a sua família, seu cônjuge, avós, tios, irmãos, porque ele sabe, a cura do seu amado filho somente acontecerá quando toda a sua família estiver curada. As suas orações e clamores serão derramados para todos que estão sofrendo com a perda, o nosso Deus não faz a sua obra pela metade, pois ele é perfeito.

Mãe e viúva

"Pouco depois, Jesus foi para uma cidade chamada Naim, e os seus discípulos e numerosa multidão iam com ele.

Ao aproximar-se do portão da cidade, eis que saía o enterro do filho único de uma viúva; e grande multidão da cidade ia com ela.

Ao vê-la, o Senhor se compadeceu dela e lhe disse:

— Não chore!

Chegando-se, tocou no caixão e os que o estavam carregando pararam. Então Jesus disse:

— Jovem, eu ordeno a você: levante-se!

O que estava morto sentou-se e passou a falar; e Jesus o restituiu à sua mãe.

Todos ficaram possuídos de temor e glorificavam a Deus, dizendo:

— Grande profeta se levantou entre nós. Deus visitou o seu povo.

Esta notícia a respeito de Jesus se espalhou por toda a Judeia e por toda aquela região." (Lucas 7. 11-17).

Esse capítulo do Evangelho de Lucas relata como o nosso Senhor Jesus Cristo lida com a dor das pessoas, principalmente das necessitadas, física e emocionalmente. Percebemos claramente que essa personagem, que não tem o seu nome citado, era necessitada.

Como já explicado, na época de Jesus as mulheres não tinham valor, era uma sociedade totalmente oposta à atualidade, havia dependência física (alimentação, vestuário, moradia), dependiam do homem, uma pura exclusão social. Percebemos que Jesus, após a cura de um servo, foi a uma cidade chamada Naim e estava saindo um cortejo fúnebre levando o corpo, que acredito ser de um jovem filho único, e que com certeza o coração dessa mãe estava transpassado por um sentimento de tristeza profunda, que se rompem vários pedaços, com sentimento de abandono, desespero e tantos outros que uma mãe tem quando perde seu filho. Vamos fazer uma suposição, visto que não está relatado na Bíblia: será que esse jovem morreu repentinamente, ou houve um tempo em que a doença venceu a batalha? Porque mães que perdem seus filhos repentinamente ficam em estado de choque e desespero, uma dor explode no peito e há o desejo de ir junto ao túmulo com o filho; e a mãe que perde seu filho para a doença, levando dias, meses, anos, em que há dias que parece que a batalha será vencida, em outros a doença vai vencer, não sabendo como será o amanhã, em qual campo será a luta, em casa ou no hospital, a dor de ver o filho reagindo à medicação, o pós-cirúrgico, a espera do resultado do exame, e agora ter que ver o seu único filho em uma urna sendo levado ao cemitério.

Somente quem passou por isso ou esteve ao lado de uma mãe pode ter uma pequena noção do sentimento dela, chamada na Bíblia de Viúva de Naim.

"Ao aproximar-se do portão da cidade, eis que saía o enterro do filho único de uma viúva; e grande multidão da cidade ia com ela".

Quando estamos num cortejo fúnebre de um jovem, há grande multidão, pois normalmente ele tem amigos, e outros pais e amigos da família vão para apoiar os pais, nesse caso a mãe. O mesmo caso aconteceu na primeira parte deste livro, a vida replicando tragédias, porém igualando o conforto de Deus, mas de maneiras diferentes. No caso de Noemi, Deus a amparou com a sua nora e neto, neste relato Deus, por meio de seu filho, confortou-a com um milagre extraordinário.

"Ao vê-la, o Senhor se compadeceu dela e lhe disse:

— Não chore!".

O Senhor se compadece de todas as mães que perdem seu filho, como está escrito no livro do Profeta Ezequiel 18. 32: "**Eu não tenho prazer na morte de ninguém, diz o Senhor Deus.** Portanto, convertam-se e vivam". No entanto, ver uma mãe e sentir o coração dela com todos aqueles sentimentos relatados no começo o compadeceu e ele falou: **não chore!** Sim, ele é o único que tem o poder de falar essa pequena frase, porém muito forte aos nossos ouvidos. **Não chore**, hoje ele também está falando para você, uma vez que esse mesmo milagre realizado por Jesus é possível nos dias atuais, só que de uma maneira diferente, não na forma física, mas na forma espiritual.

"Então Jesus declarou:

— Eu sou a ressurreição e a vida. Quem crê em mim, ainda que morra, viverá.

E todo o que vive e crê em mim não morrerá eternamente. Você crê nisto?" (João 11. 25, 26).

Jesus está perguntando se você **crê nisso**, se sim, podemos concluir que o mesmo fim que a viúva de Naim recebeu está preparado para você. **Jesus o restituiu à sua mãe.** Nunca devemos dizer adeus e crer no até logo, o encontro será no tempo determinado por Deus, mãe, filho e Jesus Cristo.

"Chegando-se, tocou no caixão e os que o estavam carregando pararam". Quero refletir sobre esse trecho do versículo, Jesus não tinha necessidade de tocar no caixão para realizar o milagre, como podemos comprovar no milagre relatado nos versículos anteriores a esse. Ele tocou para que o cortejo fúnebre parasse, podemos tirar disso uma lição: nós também devemos parar nosso cortejo fúnebre que realizamos todos os dias, remoendo sentimentos, culpas, depressão, não permitindo que Jesus realize o milagre em nossa vida. Quantas vezes ele tocou no seu caixão? Sim, no seu caixão, aquele no qual você colocou o seu coração e o leva todos os dias em um cortejo. Permita que o Toque de Jesus faça parar e ele possa tirar esse coração do caixão e o restitua novamente à mãe.

Capítulo 8

AS IRMÃS DE LÁZARO

"Um homem chamado Lázaro estava doente. Ele era de Betânia, da aldeia de Maria e de sua irmã Marta.

Esta Maria, cujo irmão Lázaro estava doente, era a mesma que ungiu o Senhor com perfume e lhe enxugou os pés com os seus cabelos.

Por isso, as irmãs de Lázaro mandaram dizer a Jesus:

— Aquele que o Senhor ama está doente.

Ao receber a notícia, Jesus disse:

— Essa doença não é para morte, mas para a glória de Deus, a fim de que o Filho de Deus seja glorificado por meio dela.

Ora, Jesus amava Marta e a irmã dela, e também Lázaro.

Quando soube que Lázaro estava doente, ainda se demorou dois dias no lugar onde estava.

Depois, disse aos seus discípulos:

— Vamos outra vez para a Judeia.

Os discípulos disseram:

— Mestre, ainda há pouco os judeus queriam apedrejá-lo! E o senhor quer voltar para lá?

Jesus respondeu:

— Não é verdade que o dia tem 12 horas? Se alguém andar de dia, não tropeça, porque vê a luz deste mundo. Mas, se andar de noite, tropeça, porque nele não há luz.

Tendo dito isso, acrescentou:

— Nosso amigo Lázaro adormeceu, mas vou para despertá-lo.

Então os discípulos disseram:

— Senhor, se dorme, estará salvo.

Jesus falava da morte de Lázaro, mas eles pensavam que tivesse falado do repouso do sono.

Então Jesus lhes disse claramente:

— Lázaro morreu.

Por causa de vocês me alegro de que não estivesse lá, para que vocês possam crer. Mas vamos até ele.

Então Tomé, chamado Dídimo, disse aos outros discípulos:

— Vamos também nós para morrer com o Mestre!

Quando Jesus chegou, encontrou Lázaro já sepultado havia quatro dias.

Ora, Betânia ficava a mais ou menos três quilômetros de Jerusalém.

Muitos dos judeus vieram visitar Marta e Maria, a fim de consolá-las por causa do irmão.

Marta, quando soube que Jesus estava chegando, foi encontrar-se com ele; Maria, porém, ficou sentada em casa.

Então Marta disse a Jesus:

— Se o Senhor estivesse aqui, o meu irmão não teria morrido.

Mas também sei que, mesmo agora, tudo o que o senhor pedir a Deus, ele concederá.

Jesus disse a ela:

— O seu irmão há de ressurgir.

Ao que Marta respondeu:

— Eu sei que ele há de ressurgir na ressurreição, no último dia.

Então Jesus declarou:

— Eu sou a ressurreição e a vida. Quem crê em mim, ainda que morra, viverá. E tudo o que vive e crê em mim não morrerá eternamente. Você crê nisto?

Marta respondeu:

— Sim, Senhor! Eu creio que o senhor é o Cristo, o Filho de Deus que devia vir ao mundo.

Depois de dizer isto, Marta foi chamar Maria, a sua irmã, e lhe disse em particular:

— O Mestre chegou e está chamando você.

Quando Maria ouviu isso, levantou-se depressa e foi até ele, pois Jesus ainda não tinha entrado na aldeia, mas permanecia onde Marta o havia encontrado.

Os judeus que estavam com Maria em casa e a consolavam, vendo-a levantar-se depressa e sair, seguiram-na, pensando que ela ia ao túmulo para chorar.

Quando Maria chegou ao lugar onde Jesus estava, ao vê-lo, lançou-se aos seus pés, dizendo:

— Se o Senhor estivesse aqui, o meu irmão não teria morrido.

Quando Jesus viu que ela chorava, e que os judeus que a acompanhavam também choravam, agitou-se no espírito e se comoveu. E perguntou:

— Onde vocês o puseram?

Eles responderam:

— Senhor, venha ver!

Jesus chorou. Então os judeus disseram:

— Vejam o quanto ele o amava.

Mas alguns disseram:

— Será que ele, que abriu os olhos ao cego, não podia fazer com que Lázaro não morresse?

Jesus, agitando-se novamente em si mesmo, foi até o túmulo, que era uma gruta em cuja entrada tinham colocado uma pedra. Então Jesus ordenou:

— Tirem a pedra.

Marta, irmã do falecido, disse a Jesus:

— Senhor, já cheira mal, porque está morto há quatro dias.

Jesus respondeu:

— Eu não disse a você que, se cresse, veria a glória de Deus?

Então tiraram a pedra. E Jesus, levantando os olhos para o céu, disse:

— Pai, graças te dou porque me ouviste. Eu sei que sempre me ouves, mas falei isso por causa da multidão presente, para que creiam que tu me enviaste.

E, depois de dizer isso, clamou em alta voz:

— Lázaro, venha para fora!

Aquele que tinha morrido saiu, tendo os pés e as mãos amarrados com ataduras e o rosto envolto num lenço. Então Jesus lhes ordenou:

— Desamarrem-no e deixem que ele vá.

Muitos dos judeus que tinham vindo visitar Maria, vendo o que Jesus havia feito, creram nele." (João 11. 1-45).

Amados irmãos, agora o nosso mestre Jesus irá a uma casa de luto, e mais do que isso, é uma casa de amigos, essa visita é muito significativa porque envolve você diretamente e seus sentimentos. Nas duas passagens, percebemos Jesus consolando o pai, a mãe e agora os irmãos e amigos; quase em todos os lares têm irmãos, talvez seja o seu caso, em outros são filhos únicos, mas com certeza amigos todos nós temos. Essa passagem bíblica nos ajudará a compreender como podemos nos relacionar com nossos irmãos que estão passando por uma perda, ou até com o amigo que está enlutado.

"**1 Um homem chamado Lázaro estava doente. Ele era de Betânia, da aldeia de Maria e de sua irmã Marta.**

3 Por isso, as irmãs de Lázaro mandaram dizer a Jesus: — Aquele que o Senhor ama está doente.

5 Ora, Jesus amava Marta e a irmã dela, e também Lázaro".

Percebemos no relato bíblico que Jesus tinha um amor por essa família, a qual um dos irmãos estava doente. Essa afinidade que muitos de nós temos com pessoas não tem explicação, simplesmente nos sentimos bem ao lado daquela pessoa ou família, não que outras pessoas tenham menos valor para nós ou para Cristo, os laços de amizade eram mais fortes com os três irmãos. Quando estamos ao lado da doença ou da morte, lembramo-nos sempre daquelas pessoas que nos confortam com a sua presença, ligamos para pedir intercessão, ajuda, e pedidos que fazemos somente para irmãos ou amigos muito próximos. Foi o que essas irmãs fizeram, enviaram um pedido de ajuda a Jesus, um homem que já tinha realizados vários milagres, elas devem ter pensado que poderiam pedir a sua intercessão, mas, amados, mesmo Jesus, que tem um amor fraternal com essa família, aguardou dois dias para ir vê-los. Você deve estar se perguntando o porquê, se ele tinha uma grande estima por eles. O que escreverei agora pode ser contra muito no que as pessoas hoje em dia acreditam, em um Deus que corre para atender às necessidades do seu povo, como se ele estivesse devendo um favor ou obrigação. Jesus, antes de tudo, é obediente ao Pai, os propósitos de Deus estão acima de qualquer situação, mesmo entendendo a dor das irmãs, ele aguardou dois dias; nós também temos que ser obedientes e atender aos propósitos de Deus, porém nunca desamparar os nosso queridos, com certeza esse sempre será o propósito da vida de todos os cristãos.

"20 Marta, quando soube que Jesus estava chegando, foi encontrar-se com ele; Maria, porém, ficou sentada em casa".

Quando uma casa está de luto, onde há várias pessoas da família envolvidas diretamente na perda, por motivos emocionais (pai, mãe) ou familiares (irmãos, tios), percebemos várias maneiras de reagir com essa situação.

Marta foi ao encontro de Jesus, enquanto Maria ficou sentada em casa. Querido leitor, percebe que ambas estavam passando pela mesma situação, de dor e tristeza? Contudo reagiram de modos diferentes. Marta, sendo uma pessoa mais ativa, tinha necessidade de correr ao encontro de Jesus, não aguentava esperar; Maria era oposto, estava sentada com seus pensamentos e sentimentos.

Em grupos familiares, reagimos de maneiras diferentes, entretanto não quer dizer que pessoas que têm atitudes opostas de nós estão sofrendo menos ou mais, estão sofrendo da maneira delas, não existe maneira correta, pessoas ativas têm necessidade de se envolver com todo o processo do velório e funeral; outras são mais recatadas, muitas vezes gostam de ficar no seu canto sozinhas ou com pessoas que fazem bem a ela, não demonstram a sua dor, não falam, não choram, enquanto pessoas como Marta demonstram com todos os seus sentimentos, por meio do choro e das conversas. Não cobre das pessoas atitudes diferentes do habitual, não acuse dizendo que elas não sentiam amor e carinho pelo falecido, também não acuse se ela está sendo dramática; devemos compreender que cada um agirá de acordo com a sua personalidade, principalmente nas primeiras horas ou semanas.

Gostaria de demonstrar que o perfil das pessoas diz muito como elas reagirão no momento da perda. Vamos buscar mais um relato dessas irmãs que consta na Bíblia, e o querido leitor perceberá que elas não mudaram o seu jeito de agir em situações diferentes.

"Quando eles seguiam viagem, Jesus entrou numa aldeia. E **certa mulher, chamada Marta, hospedou-o na sua casa.**

Marta tinha uma irmã, chamada Maria, que, assentada aos pés do Senhor, ouvia o seu ensino.

Marta agitava-se de um lado para outro, ocupada em muitos serviços. Então se aproximou de Jesus e disse:

— O Senhor não se importa com o fato de minha irmã ter deixado que eu fique sozinha para servir? Diga-lhe que venha me ajudar.

Mas o Senhor respondeu:

— Marta! Marta! Você anda inquieta e se preocupa com muitas coisas, mas apenas uma é necessária. Maria escolheu a boa parte, e esta não lhe será tirada (Lucas 10. 38-42).

Nos relatos bíblicos, Maria se mostra uma mulher calma, que gosta de ouvir e meditar sobre os assuntos, e Marta, ao contrário, uma mulher ativa, popularmente falando, mão para toda obra. Aqui não tem a certa ou a errada, somente personalidades diferentes, que no momento da perda do seu irmão, ambas agiram conforme elas sempre fizeram: uma correu e outra ficou sentada. Respeite o perfil do seu familiar e não ache que a perda mudará o jeito de ser, principalmente o respeite e o apoie e juntos se ajudarão a superar o luto.

"33 Quando Jesus viu que ela chorava, e que os judeus que a acompanhavam também choravam, agitou-se no espírito e se comoveu.

34 E perguntou: — Onde vocês o puseram? Eles responderam: — Senhor, venha ver!

35 Jesus chorou".

Esse é um dos versículos que mais mexe comigo, demonstra como Jesus nos entende em nossa dor e comove-se com ela, chora conosco, ele não é Deus ausente, que não compreende a nossa dor. Chorou porque viu o túmulo do seu amigo e a tristeza das suas amigas; mesmo sabendo que o ressuscitaria, comoveu-se, pois o coração do nosso Senhor é compreensivo, amável e não deseja que os seus sofram, mesmo ciente que haverá dor e tristeza em nossa caminhada.

Amado irmão, esse mesmo Jesus, que chorou na frente do túmulo de Lázaro, está ao seu lado, esperando que converse com ele, abra seu coração, chore, ele sabe a dor que está sentido, seja igual Marta, corra ao encontro dele por meio da oração e leitura da Palavra; e seja como a Maria, fique sentada para ouvi-lo, permita-o tirar, levantar o seu coração e as suas forças a fim de ressurgir para a vida.

Capítulo 9

AS MÃES E SEUS SONHOS

Neste capítulo quero falar para as mães que realizaram o sonho e desejo de se tornarem mães, gerando no seu ventre ou dentro do seu coração, idealizaram sonhos, futuros, entretanto, a vida encurtou esses sonhos. Vamos, por meio do relato bíblico, caminhar junto dessa personagem muito marcante para o cristianismo, todavia como uma mulher e mãe que acompanhou de perto todos os passos do seu filho, desde a geração até o último suspiro. Expectativas e frustrações, alegrias e desesperos, sonhos e realizações de uma mãe guerreira, como são todas as mães que veem seu filho lutando contra uma doença ou acidente em um leito de hospital, o coração de uma mãe sofre com seu filho, ou até mais, ela desejaria estar no lugar dele e não ao lado, queria pegar todo o sofrimento que ele está passando e repassar a ela. A nossa personagem também passou pela mesma dor e sentimentos.

Acredito que com o relato bíblico muitas mães se identificarão com nossa personagem Maria, mãe de Jesus. Falaremos de uma mulher que passou por toda a sua vida acompanhando seu filho que morreria na cruz. Que dor ela deve ter sentido vendo Jesus carregar a sua cruz, condenado como um criminoso, e ver a sua vida se esvaindo minuto a minuto pregado na cruz, e o povo falando injúrias e ofensas contra ele. Que sentimentos brotavam naquele coração?

"**30 Mas o anjo lhe disse: — Não tenha medo, Maria; porque você foi abençoada por Deus.**

31 Você ficará grávida e dará à luz um filho, a quem chamará pelo nome de Jesus.

32 Este será grande e será chamado Filho do Altíssimo. Deus, o Senhor, lhe dará o trono de Davi, seu pai.

33 Ele reinará para sempre sobre a casa de Jacó, e o seu reinado não terá fim." (Lucas 1. 30-31).

Que lindo momento receber a notícia de estar grávida, você, mãe lembra-se do dia que foi confirmada a sua gravidez, quando recebeu a notícia oficial de que no seu ventre estaria sendo gerado um filho? Essa deve ter sido a mesma alegria para Maria, não estou levando em consideração toda a situação do anjo, e não ter relação com um homem, porém quando toda essa situação ficou resolvida, Maria pôde ter curtido a gravidez do seu primogênito, sentir todos os enjoos, desejos, percebendo a sua barriga crescer com o passar do tempo.

"32 Este será grande e será chamado Filho do Altíssimo. Deus, o Senhor, lhe dará o trono de Davi, seu pai.

33 Ele reinará para sempre sobre a casa de Jacó, e o seu reinado não terá fim." (Lucas 1: 32-33).

Enquanto o casal se preparava para receber o seu filho, a projeção para o futuro de uma criança de um simples marceneiro, de uma classe pobre na época, que tinha recebido a promessa de Deus que se tornaria Rei e ocuparia o trono de rei Davi, como isso aconteceria, em quanto tempo, Maria desejava ver o rosto do seu filho, pensando em dar as melhores condições para que se tornasse um bom homem, com a integridade de seu pai José, dar valores corretos, ensiná-lo nos caminhos de Deus.

Esses são pensamentos de uma mãe nos dias atuais, como serão os olhinhos, o rosto, os medos de como criar uma criança, se será capaz de suportar tanta responsabilidade, como preparar o futuro dessa criança, seus sonhos, valores. Desde o anúncio oficial de uma gravidez a vida começa com outro significado. Maria tinha recebido a promessa de que ele seria Rei; nós desejamos a melhor carreira da nossa época, mesmo conhecendo as dificuldades para alcançar, mas para o nosso filho nada é impossível se depender da sua mãe.

"13 E, de repente, apareceu com o anjo uma multidão do exército celestial, louvando a Deus e dizendo:

14 'Glória a Deus nas maiores alturas, e paz na terra entre os homens, a quem ele quer bem.'

15 Quando os anjos se afastaram deles e voltaram para o céu, os pastores disseram uns aos outros: — Vamos até Belém e vejamos os acontecimentos que o Senhor nos deu a conhecer.

16 Foram depressa e encontraram Maria e José, e a criança deitada na manjedoura.

17 E, vendo isso, divulgaram o que lhes tinha sido dito a respeito deste menino.

18 Todos os que ouviram se admiraram das coisas relatadas pelos pastores.

19 Maria, porém, guardava todas estas palavras, meditando-as no coração." (Lucas 2. 13-19).

Quando nasce a criança de Maria, num lugar simples, numa manjedoura, para ela não importava, pois para uma mãe a maior alegria é ter seu filho, que foi amado e carregado no seu ventre por nove meses, é estar em seus braços, sentindo a sua mãozinha, os pezinhos, ouvir o primeiro choro, não deve ter felicidade maior de receber o seu filho após o nascimento. Maria recebeu visitas inusitadas.

"16 Foram depressa e encontraram Maria e José, e a criança deitada na manjedoura.

17 E, vendo isso, divulgaram o que lhes tinha sido dito a respeito deste menino".

Recebeu visitas, as quais falaram palavras belíssimas a respeito do seu primogênito, confirmando em seu coração todos os sonhos que tinha desejado para seu filho, como descrito no versículo 19: "Maria, porém, guardava todas estas palavras, meditando-as no coração".

Ela guardava em seu coração todas as palavras que foram direcionadas ao futuro do seu filho, e você, mãe, lembra-se de quando no quarto do hospital ou em casa estava com seu filho no colo e as visitas chegaram e falaram belas palavras a respeito dele, desejavam o melhor futuro, alegria de todos quando olharam o rostinho, você não conseguia esconder e deixava transbordar as lágrimas e sorrisos de alegria, e como Maria iniciava no seu coração um espaço para colocar todas as emoções e sentimentos que essa criança traria. O coração de uma mãe guarda todos os momentos do seu filho.

"Para que se manifestem os pensamentos de muitos corações. Quanto a você, Maria, uma espada atravessará a sua alma." (Lucas 2. 35).

Imagine, até esse exato momento, todos que veriam a criança falavam de um futuro promissor, mas Simeão foi o portador de uma notícia que nenhuma mãe desejava receber, que uma espada atravessaria o seu coração, iria feri-lo. Você, mãe, quando recebeu do médico que a sua criança tinha uma doença grave, ou acidente que ele sofreu, essa espada também não transpassou o seu coração, não uma vez, mas várias, rasgou em pedaços, no entanto somente por amor a seu filho você juntou os pedaços e levantou-se e foi à luta, essa dor nenhuma mãe deseja passar, sentimento de impotência dos sonhos sendo destruídos, mas recomeçando outros, adaptando-se à nova realidade, nunca deixando, contudo, de desejar o melhor para ele. Lutas foram colocadas em nossa vida a fim de sairmos mais fortes, e essa não será diferente, o coração ferido, porém vivo, despedaçado, mas unido pelo amor incondicional ao filho.

"25 E junto à cruz estavam a mãe de Jesus, a irmã dela, Maria, mulher de Clopas, e Maria Madalena.

26 Vendo Jesus a sua mãe e junto dela o discípulo amado, disse: — Mulher, eis aí o seu filho.

27 Depois, disse ao discípulo: — Eis aí a sua mãe. Dessa hora em diante, o discípulo a tomou para casa." (João 19. 25-27).

O versículo 25 representa bem quando a mãe fica ao lado do leito de seu filho, Maria está ao lado da cruz, passando cada minuto que podia estar ao lado dele, antes que a morte chegasse. Talvez você tenha passado pela mesma situação, ao lado do seu filho desejando que o tempo parasse para que a morte não chegasse, ou melhor, que o tempo voltasse quando estava com ele no colo, protegendo-o de tudo, dando o seu calor e amor.

O filho de Maria não era igual aos outros, ele é Deus, a segunda pessoa da Trindade, mesmo em seu momento de angústia humana,

Jesus não abandonou a sua mãe, colocou-a aos cuidados de seu Discípulo Amado João. Jesus não desampara quando estamos ao seu lado, ele amparou sua mãe, Maria, ele entende o que está passando no seu coração, a dor, a saudade, a tristeza. Converse com Jesus, ele nunca desamparou você e seu filho, e não será agora que estará sozinha. É difícil compreender as razões, Maria também não compreendeu na Sexta-feira da Paixão os porquês, ela não entendia como seu filho, o qual os anjos profetizaram belas palavras, seria Rei do trono de Davi, e agora estava numa cruz, condenado como malfeitor. Entretanto sabemos o que significou a sua dor de ver o filho na cruz, a história relata, a teologia explica. Como podemos tentar compreender a morte de uma criança na atualidade? Não sou tão ousado em tentar explicar ou buscar uma resposta, o que posso dizer é que o nosso Deus ama todos os seus filhos, e dá o melhor para cada um deles; alguns terão 90 anos, outros dias e outros, horas. Não tento questionar, busco aceitar a soberania de Deus, porém algo eu sei: nesta Terra eu sou peregrino, como está escrito em Hebreus 11. 13: **"Todos estes morreram na fé. Não obtiveram as promessas, mas viram-nas de longe e se alegraram com elas, confessando que eram estrangeiros e peregrinos na terra".** Porque a minha verdadeira terra natal é a nova Jerusalém, onde o meu Jesus reina para todo o sempre e lá estão todos os meus queridos que receberam a salvação e encontrarei com eles no momento perfeito, pois Deus é perfeito em suas ações.

Capítulo 10

ACOLHIMENTO

Neste último capítulo devo reforçar tudo que foi escrito nos capítulos anteriores, que a dor do luto é normal, alguns sentem com mais intensidade que outros, mas um remédio para diminuir ou curar essa dor está em Deus. Podemos passar as mesmas dificuldades de Noemi, de Jairo, da Viúva, de Marta e Maria, e o que eles têm em comum é que todos confiaram em Deus, em seus caminhos. Não gostaria, no entanto, de encerrar este livro sem mostrar que Jesus, após a sua morte e Ressurreição, não abandona as pessoas, principalmente as enlutadas. Temos um lindo relato desse amor às pessoas que perderam os seus queridos e estão sem rumo.

"Naquele mesmo dia, **dois discípulos** estavam indo para uma aldeia chamada Emaús, que ficava a uns dez quilômetros de Jerusalém.

E iam conversando a respeito de tudo o que tinha acontecido.

Enquanto conversavam e discutiam, o próprio Jesus se aproximou e ia com eles.

Porém, os olhos deles estavam como que impedidos de o reconhecer. Então ele lhes perguntou:

— O que é que vocês estão discutindo pelo caminho?

E eles pararam entristecidos.

Um, porém, chamado Cleopas, respondeu:

— Será que você é o único que esteve em Jerusalém e não sabe o que aconteceu lá, nestes últimos dias?

Ele lhes perguntou:

— Do que se trata?

Eles explicaram:

— Aquilo que aconteceu com Jesus, o Nazareno, que era profeta, poderoso em obras e palavras, diante de Deus e de todo o povo, e como os principais sacerdotes e as nossas autoridades o entregaram para ser condenado à morte e o crucificaram. Nós esperávamos que fosse ele quem havia de redimir Israel. Mas, depois de tudo isto, já estamos no terceiro dia desde que essas coisas aconteceram. É verdade também que algumas mulheres do nosso grupo nos surpreenderam. Indo de madrugada ao túmulo e não achando o corpo de Jesus, voltaram dizendo que tinham tido uma visão de anjos, os quais afirmam que ele vive. De fato, alguns dos nossos foram ao túmulo e verificaram a exatidão do que as mulheres disseram; mas não o viram.

Então ele lhes disse:

— Como vocês são insensatos e demoram para crer em tudo o que os profetas disseram! Não é verdade que o Cristo tinha de sofrer e entrar na sua glória?

E, começando por Moisés e todos os Profetas, explicou-lhes o que constava a respeito dele em todas as Escrituras.

Quando se aproximavam da aldeia para onde iam, ele fez menção de passar adiante. **Mas eles o convenceram a ficar, dizendo:**

— **Fique conosco, porque é tarde, e o dia já está chegando ao fim.**

E entrou para ficar com eles.

E aconteceu que, quando estavam à mesa, ele pegou o pão e o abençoou; depois, partiu o pão e o deu a eles.

Então os olhos deles se abriram, e eles reconheceram Jesus; mas ele desapareceu da presença deles. E disseram um ao outro:

— Não é verdade que o coração nos ardia no peito, quando ele nos falava pelo caminho, quando nos explicava as Escrituras?" (Lucas 24. 13-32).

Nesse relato bíblico, percebemos com muita clareza a necessidade de as pessoas enlutadas ficarem sempre com outras pessoas, nesse caso os dois estavam passando pela mesma dor. Devemos sempre buscar estar próximos às pessoas, não deixar a solidão trazer a depressão, principalmente se somos sugestivos. Se houver pessoas da família ou amigos que estão com a mesma dor é positivo conversar, igual aos dois discípulos – "E iam conversando a respeito de tudo o que tinha acontecido" –, dividir os sentimentos e, principalmente, buscar memórias de momentos agradáveis e não somente das últimas semanas ou horas, que podem trazer sentimento de culpa.

Os dois discípulos estavam saindo do lugar onde a tragédia aconteceu, em Jerusalém. Muitos enlutados também sentem necessidade de sair ou nunca mais passar por aquele lugar onde aconteceu uma tragédia, ou mesmo no hospital onde foi acolhido o seu querido; isso traz à sua memória muita dor, no entanto, muitas vezes será necessário retornar ao lugar (casa, hospital, rua), não sendo possível evitar. Nesses casos, não vá sozinho, peça que alguém o acompanhe para auxiliar caso as lembranças sejam fortes ou tenha alguém a fim de falar imediatamente sobre os momentos que estão machucando.

Volto a reforçar a importância de falar o que está sentindo, Jesus deixa bem claro nessa passagem que o falar ajuda a curar a dor do luto, perceba:

"**Enquanto conversavam e discutiam**, o próprio Jesus se aproximou e ia com eles.

Porém, os olhos deles estavam como que impedidos de reconhecê-lo.

Então ele lhes perguntou:

—**O que é que vocês estão discutindo pelo caminho?**

E eles pararam entristecidos.

Um, porém, chamado Cleopas, respondeu:

— Será que você é o único que esteve em Jerusalém e não sabe o que aconteceu lá, nestes últimos dias?

Ele lhes perguntou:

— Do que se trata?

Eles explicaram:

— Aquilo que aconteceu com Jesus, o Nazareno, que era profeta, poderoso em obras e palavras, diante de Deus e de todo o povo".

Que bela passagem, Jesus percebendo a dor deles, pergunta o que conversavam e discutiam. A dor muitas vezes leva a conversa para uma discussão, principalmente cobranças, até mesmo mágoas do passado vêm à tona; essas situações devem ser evitadas, pois como diz um ditado popular "águas passadas não movem moinhos". O que foi feito ou deixado de fazer para o ente querido não poderá ser corrigido, e reviver isso será muito prejudicial aos relacionamentos (família). Neste momento não terá nenhum vencedor, porque a pessoa que poderia julgar está morta, e os nossos valores estão muito obscuros pelo motivo da dor do luto.

Perceba que Jesus não chamou atenção para a conversa, mas para a discussão:

"**Então ele lhes perguntou:**

—**O que é que vocês estão discutindo pelo caminho?**

E eles pararam entristecidos".

É necessário que alguém interrompa a discussão e demonstre que os dois lados estão errados. Amado leitor, você, sendo cristão, leve muito em consideração essa passagem, Jesus não chamou atenção à conversa, falar da morte e da situação é saudável, todavia ser o pivô de uma discussão ou participante não é nada cristão, é reprovado por Cristo. Tentarei demonstrar mediante alguns versículos:

"Façam tudo sem murmurações nem discussões." (Filipenses 2. 14).

"Os lábios do tolo entram na discussão, e a sua boca clama por açoites." (Provérbios 18. 6).

"Evite as discussões insensatas e absurdas, pois você sabe que elas só provocam brigas." (2ª Timóteo 2. 23).

"Começar uma discussão é como abrir uma represa; por isso, desista antes que surja o conflito." (Provérbios 17. 14).

"Esse é orgulhoso e não entende nada, mas tem um desejo doentio por discussões e brigas a respeito de palavras. É daí que

nascem a inveja, a provocação, as difamações, as suspeitas malignas."
(1ª Timóteo 6. 4).

Querido, evite discussões, mesmo que se sinta com a verdade, Deus sabe que essa situação está sendo colocada sobre os seus ombros. Lembre-se de Jesus, que antes de morrer, também foi acusado e tudo era mentira, ele em momento nenhum abriu a boca para se defender, esse é c maior exemplo que podemos seguir. Quando acusados injustamente, não levemos essa acusação para uma discussão.

"E, levantando-se o sumo sacerdote, perguntou a Jesus:

— Você não diz nada em resposta ao que estes depõem contra você?

Jesus, porém, guardou silêncio. E o sumo sacerdote lhe disse:

— Eu exijo que nos diga, tendo o Deus vivo por testemunha, se você é o Cristo, o Filho de Deus." (Mateus 26. 62, 63).

A última observação que podemos retirar desse texto é que não devemos ficar sozinhos, em momentos de luto a solidão pode ser um companheira indesejável e cruel, eu sei que parte do dia terão que estar sozinhos, será inevitável, mas reduzir esse período é importante, como acontece no texto.

"Mas eles o convenceram a ficar, dizendo:

— Fique conosco, porque é tarde, e o dia já está chegando ao fim.

E entrou para ficar com eles".

Ter companhias agradáveis é a melhor opção, pode acreditar que Jesus sempre colocará uma pessoa ou a família, muitas vezes serão aquelas que menos esperamos que farão acolhimento. Não deixe passar o convite, aceite e aproveite a conversa, o momento do choro, da risada e tudo que ela possa oferecer de bom. Reconheça que Jesus está com você em Espírito, e também por meio dessa pessoa, a qual o Espírito Santo tocou para ser o braço físico de Deus na sua vida.

Gostamos muito e damos valor às situações sobrenaturais, porém Deus sempre trabalha com filhos deles usando outros filhos, visto que também somos irmãos e uma família cristã, e o nosso Pai deleita-se em ver seus filhos compartilhando sofrimento e alegria.

    Espero que ao final deste livro o amado leitor possa ter compreendido que o luto faz parte da vida de um cristão, entretanto o nosso Deus em nenhum momento nos desampara.